深入经藏

智慧如海

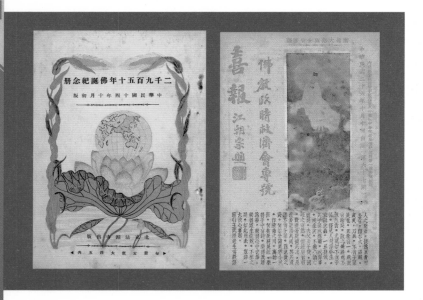

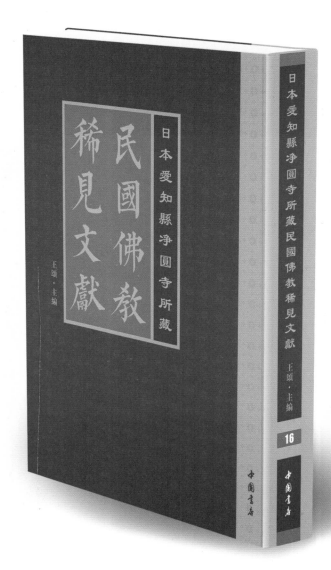

日本愛知縣淨圓寺所藏民國佛教稀見文獻

國家社科基金重大項目"域外藏多語種民國佛教文獻群的發掘、整理與研究"（21&ZD251）

王頌 / 主編
中國書店 / 出版
開本 / 大 16
冊數 / 15（含提要、目錄、索引兩冊）
出版時間 / 2023.6
定價 / 12800 元

　　本書所收文獻資料來源於日本愛知縣豐橋市真宗大谷派方境山淨圓寺。淨圓寺前住持藤井草宣（1896-1971）先生是一位在民國時期活躍於中日佛教界的重要人物，他一生關注中國佛教的動態，與中國佛教界諸多重要人物長期交往，不遺餘力地搜集與中國佛教相關的期刊、報刊、著作等。據阪井田夕起子等日本學者考證，藤井草宣先生收藏的民國時期佛教期刊、報刊多達 120 餘種，3000 餘冊。這些文獻和藤井草宣先生收藏的願景，可以讓我們瞭解以藤井爲代表的日本佛教界與中國佛教界交往的歷史、日本佛教界對同期中國佛教的關注點。

　　是書主編王頌教授及其研究團隊在研究藏於海外的民國佛教文獻時發現，淨圓寺所藏民國佛教文獻不僅量大，而且品質極佳。故此擇選了近百種文獻輯成本書，難能可貴的是這些文獻全部為國內相關出版圖書，如黃夏年主編《民國佛教期刊文獻集成》（正編、續編、三編）、《稀見民國佛教文獻彙編（報紙）》、瑞華主編《民國密宗期刊文獻集成》等書未刊的內容。

　　王頌教授及其研究團隊在研究中深感，包括淨圓寺資料在內的保存於海外的民國佛教文獻，是有待發掘的富礦，值得學界關注與研究。為此，他們制定了更為宏大的研究計畫，準備系統搜集整理東南亞、南亞、歐洲、北美、日本以及我國臺港地區的相關資料。2021 年，這一計畫即"域外藏多語種民國佛教文獻群的發掘、整理與研究"成功獲得國家社科基金重大項目立項。本書也成為了該項目的第一個出版成果。

　　為了能夠最大程度體現出文獻的原有面貌，本書採用原色影印的方式，所拍即所得，除需要版式統一化的處理，我們對所拍攝的圖像不做過多修整，顏色與原文獻儘量保持一致，僅提升文字清晰度而已。全書共 15 冊，其中期刊為 1 至 10 冊，報紙為 11 至 13 冊，目錄索引兩冊。期刊部分及目錄冊使用大 16 開本，報紙部分因版面大，文字小，特別採用 8 開本。希望本書的出版能夠為研究民國佛教的學者提供新素材、新角度。

中國古代淨宗文獻集成

溫金玉 / 主編
燕山出版社 / 出版
開本 / 大 16
冊數 / 33（含提要、目錄一冊）
出版時間 / 2023
定價 / 19800 元
ISBN / 978-7-5402-6362-1

東漢明帝夜夢金人，摩騰法蘭白馬馱經，開啓了人類文化交流史上光輝璀璨的篇章。魏晉以至盛唐，禪、臺、賢、淨，十宗宏開，在與本土文化的交流融合中，不斷推動著中華文明邁向新的高峰。宋元以降，九宗俱衰，法流匯歸淨土而轉盛，綿曆至今。

淨土宗的發展，可謂契合時代眾生的根機，因而得以發揚光大，而淨宗典籍，是承續此法門的重要載體。自釋迦如來首開金口，歷代大德相繼弘揚，最終形成宏富的淨土法藏。歷代迭增的典籍，若無系統地搜集和整理，則始終散落大藏或流落各處，乃至於湮沒無存，這無疑是一件憾事。基於此，叢書編委會匯輯中國古代淨土宗典籍，編纂成書，收錄相對完備，且審查嚴格的古代淨土宗文獻典籍，確是有十分必要的意義了。此次發起編撰的《中國古代淨宗文獻集成》，有如下特點：

一、叢書目錄，從歷代二十二種《大藏經》目錄，並後世藏外文獻、敦煌典籍、日韓、臺灣新編藏經或佛經目錄中一一核實提取。

二、資料收集，從歷代藏經並各大圖書館館藏資料，廣泛收集。本書採用的底本，首先選取流通最廣的清《乾隆大藏經》，若《龍藏》無者，則選明《徑山藏》，此中亦無者，複取《趙城金藏》《磧沙藏》《大正藏》《卍續藏》等補之。散逸古本及晚近單行本，其有代表性、品質精良者，亦廣泛收錄。

三、資料審查，對於典籍版本以及內容，特別是與淨土宗的相關性，嚴格把關審查篩選，確保文獻品質。

四、編寫了約二十萬字的《中國古代淨宗文獻集成總目提要》，編為一冊。對本叢書所收錄的所有淨宗典籍，從編撰緣起、作者簡介、典籍內容等逐條解釋，有利於讀者閱讀和理解。這是本叢書獨特之處，在歷史上來說，亦是一個創舉。

本叢書所收經典分為六個部分，所宗經論部、經論詮釋部、歷代著述部、史傳系譜部、儀軌懺文部、圖卷詩文部。

第一、所宗經論部收錄歷代經家所譯或後世合會經論七十種。

第二、經論詮釋部收錄古今中外（印度和漢地）歷代有關『淨土五經一論』的祖師疏注釋論共五十五種。

第三、歷代著述部收錄歷代祖師大德、居士的淨土著述共九十五種。

第四、史傳系譜部收錄往生傳記、淨土宗史共十四種。

第五、儀軌懺文部收錄淨土儀軌十八種。

第六、圖卷詩文部收錄淨土詩偈、淨土文學、淨土圖像等十九種，另收錄編委會編纂《中國古代佛教版畫選輯（淨土宗）》一冊。

文淵閣四庫全書

紀昀 永瑢等 / 編纂
學苑出版社 / 出版
開本 / 大 16
冊數 / 501（含提要、目録兩冊）
出版時間 / 2023
定價 / 128000 元

　　《四庫全書》全稱《欽定四庫全書》，是十八世紀晚期由清高宗敕修的一部大型叢書。該書由清宗室愛新覺羅·永瑢及大臣劉統勳等人先後擔任總裁官，紀昀、陸錫熊等人擔任總纂官，其他參與編纂、校閱者多達三百六十餘人，謄録繕寫者更是多達三千八百餘人，前後耗時十三年方告成，堪稱一項宏大的國家文化工程。是書分爲經、史、子、集四部，故而名之曰"四庫"，據學者統計，共收録書籍三千四百六十二種，計七萬九千三百三十八卷、三萬六千餘冊，約八億字。這個規模相當於明代大型類書《永樂大典》的三點五倍，稱其爲中華第一大叢書，是絲毫不過譽的。

　　清乾隆四十七年（一七八二），《四庫全書》初稿告竣進呈，乾隆帝敕令謄録七部，其中四部藏於北京紫禁城之文淵閣、圓明園之文源閣、遼寧瀋陽之文溯閣、河北承德之文津閣，此即爲"北四閣"所藏"四庫"。另外三部貯於揚州天寧寺西園之文匯閣、鎮江金山寺之文宗閣和杭州聖因寺之文瀾閣，即"南三閣"藏書。南三閣中的文匯、文宗二閣之藏書，毀於太平天國戰火，文瀾閣藏書亦遭兵火，幸得錢塘藏書家丁丙、丁申兄弟不畏險難，與鄉賢搜集抄録，基本補全。文源閣藏書則毀於咸豐十年（一八六〇）英法聯軍掠奪毀壞圓明園的大火。唯文淵閣、文津閣、文溯閣三閣保存尚稱完備，此次影印所據底本，即爲文淵閣所藏《四庫全書》。

　　本次出版據以影印的"文淵閣《四庫全書》"是向清高宗進呈的首部謄録精良的定本。文淵閣《四庫全書》今存三萬六千三百七十五冊，另有《考證》七十二冊，是現存諸閣書中保存數量最多，最爲完整的一部書。爲了方便讀者的使用，降低購買成本，影印時縮小尺幅，每頁合拼八個筒頁，以"四節樓"的形式出版。全書合編爲 501 冊。叢書卷帙浩大、內容繁多，在編印過程中，難免有欠周全或疏漏之處，還請讀者方家見諒。

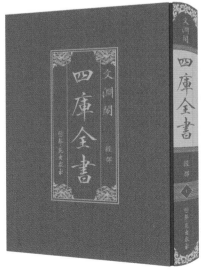

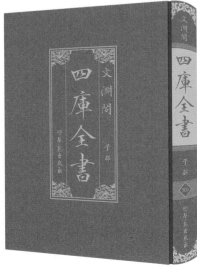
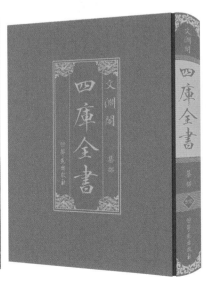

| 經部（77 冊） | 史部（151 冊） | 子部（123 冊） | 史部（147 冊） |

金代熙宗皇統（1141—1149）初年，潞州（今屬山西長治）崔進之女法珍斷臂化緣，在山西、陝西部分地區募資刊刻藏經。這部藏經以我國第一部木刻版漢文大藏經《開寶藏》和少部分《契丹藏》爲底本，歷時二三十年完成。因刻於金代，後被供養在趙城縣（今屬洪洞縣）廣勝寺，故名曰《趙城金藏》。全世界保存下來的金代全藏刻書極少，全藏約七千卷左右，六千多萬字，其他流傳下來的金代藏經僅有十幾卷，而這部《趙城金藏》約留存四千餘卷，較爲完整，又是傳世孤本，因而被視爲稀世瑰寶。

在國家圖書館的支持下，我們采用先進的複製技術，複製出版館藏國寶《趙城金藏》。如果說御用法寶《乾隆大藏經》是中國歷史上清朝盛世所修的盛大典藏，那麼，年代更久遠、版本更珍奇、經歷更曲折、發心更宏遠的《趙城金藏》則是當今時代最有價值的盛世珍藏！

趙城金藏

本書編委會 / 主編
國家圖書館出版社 / 出版
開本 / 大 16
冊數 / 122
出版時間 / 2008
定價 / 56000 元
ISBN / 978-7-5013-3597-8

　　20世紀30年代，佛教界同人影印宋版《磧砂藏》，因該版多有缺佚，釋範成奉命訪求缺本，搜訪至山西趙城廣勝寺彌勒殿內，發現了舉世罕見的金刻《大藏經》4757卷，該藏即爲著名的《趙城金藏》。1934年，北京三時學會在《趙城金藏》中選擇了其他宋版藏經所闕的珍本，共計49種，題爲《宋藏遺珍》，共3集12函120冊。

　　本書被佛教界譽爲『天壤間的孤本秘笈』，就學術研究而言，此書堪稱《趙城金藏》之姊妹篇，可互見閱覽。

　　爲使這海內外罕見的孤存古籍得以同廣大讀者見面，我們特將這一在《大藏經》刊刻史中佔有獨特地位的《宋藏遺珍》整理出版，以滿足學術界和佛教界廣大人士的需要。

宋藏遺珍

本書編委會 / 主編
中國書店出版社 / 出版
開本 / 大 32
冊數 / 20
出版時間 / 2012
定價 / 5800 元
ISBN / 978-7-5149-0300-3

徑山藏

李國慶　翁連溪　李洪波 / 主編
國家圖書館出版社 / 出版
開本 / 大 16
冊數 / 230
出版時間 / 2016
定價 / 138000 元
ISBN / 978-7-5013-5745-1

　　根據現存《經值畫一》，《徑山藏》大體分『正藏』『續藏』和『又續藏』三部分。除此之外，本藏編委會又搜集到《經值畫一》中存目、或未編入《經值畫一》的數百種《徑山藏》單本，統一彙輯爲『拾遺』。截止出版，已收錄《徑山藏》經籍共計二千六百五十六種，近一萬三千卷，總共輯爲二百二十六冊，並另外編輯目録索引四冊。

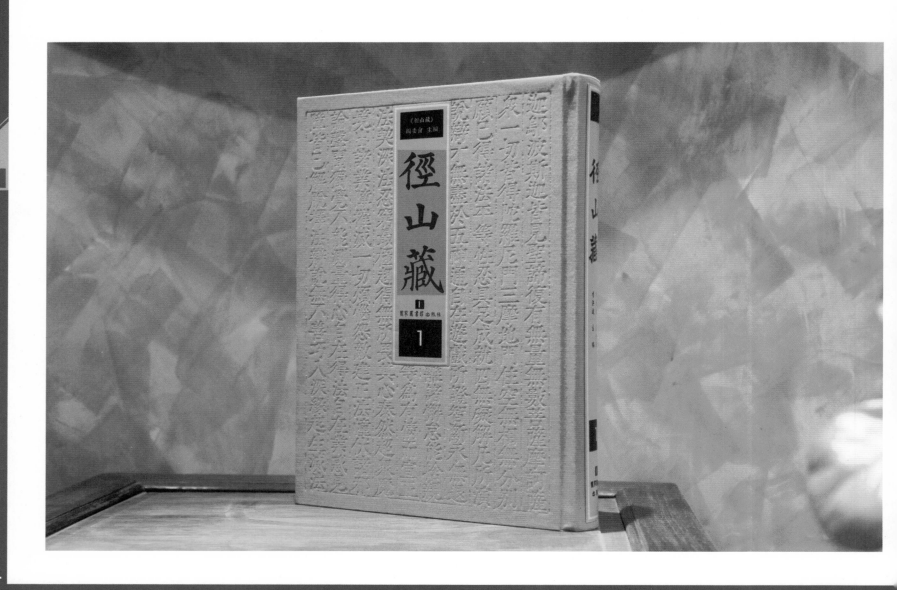

《徑山藏》相對於其他漢文大藏經，有其特殊的意義和文獻價值：

　　第一，在裝幀形式上，《徑山藏》一改歷代大藏經經摺裝或卷軸裝的方式爲方冊線裝。這種新型的裝幀方式，製作簡單，攜帶方便，這一重大改革，對於之後的佛教典籍出版流通產生了深遠的影響。

　　第二，《徑山藏》是我國迄今爲止，收錄佛教典籍數量最多的漢文大藏經。僅以目前收集到的經籍數量計算，共收錄佛教典籍二千六百五十六種，近一萬三千卷，這個數字是其他漢文大藏經所不及的。《徑山藏》收錄了首度入藏的佛典有五百餘部，而完全未被其他大藏經收錄的著作，超過三百部。本藏可謂中國佛教史料的一大寶庫。

　　第三，《徑山藏》中除收錄宋元以來入藏的大小乘經律論外，還續收了一大批中國歷代高僧的撰述，包括疏論、文集、史傳、雜著等，兼收了許多有關歷史、文學、哲學和地方掌故等方面的著作。它包含的內容廣博宏富，是研究中國佛教史、哲學史、文學史乃至歷代禪僧傳記的重要史料，也是研究中國文化重要的參考資料。故《徑山藏》被海內外佛學研究者稱爲『第二部佛教史料寶庫』、明清禪宗史的『敦煌發現』。

　　此次編委會整理《徑山藏》，歷時五年，搜集了大量原始文獻資料，遍及國內各大圖書館、高等院校等處。收錄的佛教典籍，在《徑山藏》『正藏』『續藏』『又續藏』外，又整理編修『拾遺』部分二十三冊，典籍種類新加三百餘種，多爲未編入《經值畫一》、諸藏未收、未在其他任何文獻中出現過的。另外，爲讀者檢索提供方便，此次特製作了詳細的目錄。此目錄集合編委會各專家學者及數十編輯之力，將每個經典進行研究分析，提取每個經典的前四級標題，標明層級關係，做成分目錄，附在每冊之前，既能方便檢索，又能達到提綱挈領的作用。綜上所述，《徑山藏》的整理出版是一項困難但十分有價值的工作。《徑山藏》的影印出版，既是對中華文化珍貴遺產的保護和傳承，也給宗教研究者、版本學研究者、社會學研究者及宗教界人士提供了重要的學習和研究資料。

　　本藏編輯與整理工作，量大而紛繁，加之編者水準有限，疏漏與錯誤在所難免，還望識者指正。

《乾隆大藏經》為清代官刻大藏經，又稱《清藏》或《龍藏》。它是雍正皇帝敕修，以明朝《永樂北藏》為底本增減刻印的大藏經。其始刻於清雍正十一年（1733），完成於乾隆三年（1738），是我國歷代官刻大藏經極為重要的一部。全藏共收錄經、律、論、雜著等 1669 部，7168 卷，共用經版 79036 塊。

乾隆大藏經·豪華典藏版

（清）雍正敕修
中國書店出版社 / 出版
開本 / 16
冊數 / 168
出版時間 / 2009
定價 / 28800 元
ISBN / 978-7-80663-520-9

內文用紙：高檔進口道林紙
紙張厚度：70g（相當於單張 A4 複印紙的厚度）
紙張顏色：色度溫和的象牙白
字體大小：約等於 Word 文檔 18 號字
經文印刷：單色精印
三面書口：刷金工藝
封面用布：優質定製織錦
封面樣式：依清宮舊藏繪製五色彩龍
保護書盒：每本均配有書盒
適用場景：多用于寺院、圖書館、民間道場、個人收藏。

　　全藏共分正藏和續藏兩類。正藏共 485 函，以千字文編號，從『天』至『漆』，分為『大乘五大部經』『五大部外重單譯經』『小乘阿含經及重單譯經』『宋元入藏諸大小乘經』『大小乘律和續入藏諸律』『大小乘論』『宋元續入藏諸論』『西土聖賢撰集』八個部門；續藏共 239 函，是『此土著述』，編號從『書』至『機』；以上正續兩藏總計 724 函，7168 卷，實際收錄元、明、清三代高僧大德的經、律、論、雜著等 167 種。

　　《乾隆大藏經》的編刊工程浩大，負責其事的官員、學者、高僧等達 60 餘人，監造人員 80 餘人，還募集刻字、刷印和裝幀等優秀工匠 860 餘人，歷時 6 年完成。全藏字體秀麗，鐫刻精湛，如出一人；佛像等圖版以白描手法繪刻，莊嚴而不失生動。初印 104 部，頒賜各地禪院。此後至民國年間，又陸續刷印了數十部，共印行 150 餘部。自宋至清，木刻漢文大藏各代頻出，唯有《龍藏》經版保存至今，其印本完整者亦極鮮見，因此，它在世界佛教史上佔有重要地位。

乾隆大藏經 · 莊嚴精緻版

（清）雍正敕修
中國書店出版社 / 出版

開本 / 16
冊數 / 168
出版時間 / 2009
定價 / 18000 元
ISBN / 978-7-80663-465-3

內文用紙：國產優質道林紙

紙張厚度：70g（相當於單張 A4 複印紙的厚度）

紙張顏色：木漿原色（微黃）

字體大小：約等於 Word 文檔 18 號字

經文印刷：單色精印

三面書口：無特殊處理

封面用布：優質定製織錦

封面樣式：雙龍暗紋

保護書盒：每冊均有塑封，無書盒

適用場景：多用于公共圖書館、民間道場、個人收藏。

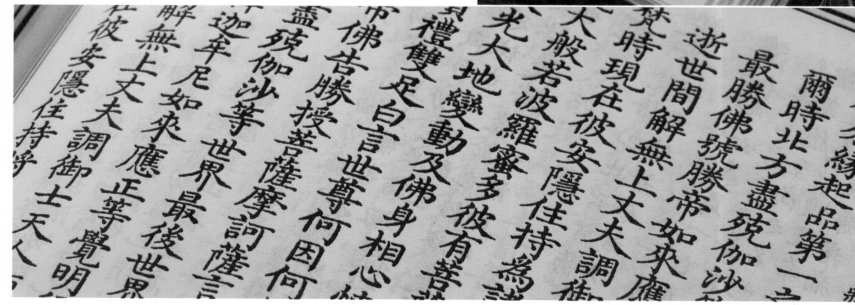

乾隆大藏經·居士普及版

（清）雍正敕修
中國書店出版社 / 出版

開本 / 32
冊數 / 99
出版時間 / 2010
定價 / 6000 元
ISBN / 978-7-80663-765-4

內文用紙：國產精緻本色膠版紙
紙張厚度：55g
紙張顏色：木漿原色（微黃）
字體大小：約等於 Word 文檔 14 號字
經文印刷：單色精印
三面書口：無特殊處理
封面用布：優質定製棉布
封面樣式：燙金工藝
保護書盒：每冊均有塑封，無書盒
適用場景：多用于家庭道場、鎮宅祈福。

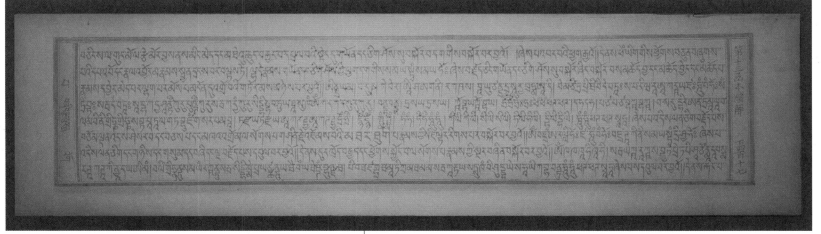

清康熙印本拍攝圖

《藏文大藏經》由《甘珠爾》和《丹珠爾》兩部分組成。

《甘珠爾》意為"佛敕譯典"，簡單來說就是佛陀所說的經文與戒律，故此又稱之為"正藏"，在漢傳大藏經系統中，屬於經、律之部。北京版《甘珠爾》包含六大部，分別為本續、般若、寶積、華嚴、諸經、戒律，共106函，收錄經典1055種。

本續部又稱作續部、秘密部，共25函，729種。是藏、漢兩種大藏經體系中差異較大的一個部類，《甘珠爾》包含了很多漢文大藏經未收的密教經、咒、儀軌等。

般若部，共24函，收錄有《大般若經》《摩訶般若波羅蜜多經》《大集會經》等30種經典。

寶積部，共6函，收錄有《大寶積經》一種。

華嚴部，共6函，收錄有《華嚴經》一種。

諸經部，共32函，收錄有《賢劫千佛名經》《大般涅槃經》《妙法蓮華經》等268種。

戒律部，共13函，收錄有《戒律事》《解脫戒本經》《律分別》等26種。

《丹珠爾》意為論部，又被稱為"副藏"、"雜藏"。其體量是《甘珠爾》兩倍還多，收錄內容龐雜。北京版《丹珠爾》分為讚頌、秘經疏（分時輪部等二十四項）、經疏（分般若部等十二項），另附加補遺經、西藏撰述、願文等部類，共223函，5100餘種。其不僅包含佛教論著，還包含眾多因明、聲明、醫明、工巧明著述。

故宮舊藏藏文大藏經（北京版）

故宮博物院 / 編
羅文華 / 主編
故宮出版社 / 出版
開本 / 大 16
冊數 / 153
出版時間 / 2019.12
定價 / 98000 元
ISBN / 978-7-5134-1182-0

北京版《藏文大藏經》又名嵩祝寺版，係清王室官刻本，纂輯、刻印都是由官方主持。領銜總理監造、校閱、翻譯、謄錄等職事包括親王與章嘉呼圖克圖等大臣、喇嘛上百人。康熙帝為此親撰《御製番藏經序》。

該版大藏經刻造、裝幀頗為精良，版型較一般藏文經大，部分扉畫均為手工繪製，筆觸細膩，設色鮮麗，大多出自藏族和蒙族宗教畫家手筆。它不但是文化瑰寶，也是雕版印刷的珍品。現在我們把它整理後影印出版，不但可以保存和傳承民族文化，也可以繼續發揮它維護民族團結的歷史意義。

《藏文大藏經》有很高的學術價值。《藏文大藏經》包含《甘珠爾》和《丹珠爾》，除了擁有數量龐大的密教文獻之外，並且含有甚多梵文原典已佚，或漢文大藏經所未收之重要佛典。譬如印度中觀學派或瑜伽行派之中期或晚期之著述，即往往僅存於藏譯之大藏經中。因此不只是研究西藏佛教，即使研究印度佛教，藏文大藏經也有極為重要的價值。

其中《丹珠爾》收有論、經之注釋、讚頌等中外僧俗弟子所撰述的典籍，其中有大量我國西藏高僧學者的著作，涉及語言、文學、歷史、醫學、美術、邏輯、工藝等各個方面，這些是漢文大藏經所沒有的，是研究藏學的一大資料寶庫，因此受到國內外學術界的重視。

《藏文大藏經》樣章頁

漢文、藏文、梵文經目三體對照表

NO.	漢文	藏文	梵文
NO.3372	聖文殊師利名等誦曼荼羅儀軌	Hphags-pa hjam-dpal-gyi mtshan yaṅ-dag-par brjod-paḥi dkyil-ḥkhor-gyi cho-ga shes-bya-ba.	Ārya-mañjuśrī-nāmasaṃgīti-maṇḍala-vidhi-nāma.
NO.3373	聖文殊師利名等誦曼荼羅儀軌	Hphags-pa hjam-dpal-gyi mtshan yaṅ-dag-par brjod-paḥi dkyil-ḥkhor-gyi cho-ga shes-bya-ba.	Ārya-mañjuśrī-nāmasaṃgīti-maṇḍala-vidhi-nāma.
NO.3374	聖文殊師利名等誦曼荼羅儀軌	Hphags-pa hjam-dpal-gyi mtshan yaṅ-dag-par brjod-paḥi dkyil-ḥkhor-gyi cho-ga shes-bya-ba.	Ārya-mañjuśrī-nāmasaṃgīti-maṇḍala-vidhi-nāma.
NO.3375	聖文殊師利名等誦沐浴儀軌	Hphags-pa hjam-dpal-gyi mtshan yaṅ-dag-par brjod-paḥi khrus-kyi cho-ga.	〔Ārya-mañjuśrī-nāmasaṃgīty-abhiṣeka-vidhi.〕
NO.3376	名等誦施水	Mtshan yaṅ-dag-par brjod-paḥi chu sbyin.	〔Nāmasaṃgīti-tarpaṇa.〕
NO.3377	名等誦食瑜伽	Mtshan yaṅ-dag-par brjod-paḥi zas-kyi rnal-ḥbyor.	〔Nāmasaṃgīti-aśana-yoga.〕
NO.3378	名等誦部多供物	Mtshan yaṅ-dag-par brjod-paḥi hbyuṅ-poḥi gtor-ma.	〔Nāmasaṃgīti-bhūta-bali.〕
NO.3379	名等誦曼荼羅儀軌次第	Mtshan yaṅ-dag-par brjod-paḥi maṇḍala-gyi cho-gaḥi rim-pa.	〔Nāmasaṃgīti-maṇḍala-vidhi-krama.〕
NO.3380	名等誦繞道作法	Mtshan yaṅ-dag-par brjod-paḥi bskor-ba bya-baḥi thabs.	〔Nāmasaṃgīti-pradakṣiṇa-kriyopāya.〕
NO.3381	文殊師利名等誦七支資糧積聚法	Hjam-dpal-gyi mtshan yaṅ-dag-par brjod-paḥi yan-lag bdun-paḥi tshogs bsags-paḥi thabs.	〔Mañjuśrī-nāmasaṃgīti-saptāṅga-sambhāropāya.〕
NO.3382	文殊師利名等誦唱念優波提合	Hjam-dpal-gyi mtshan brjod gdon-paḥi man-ṅag.	〔Mañjuśrī-nāmasaṃgīti-paṭhanopadeśa.〕
NO.3383	文殊師利名等誦善根迴向	Hjam-dpal-gyi mtshan yaṅ-dag-par brjod-paḥi dge-baḥi rtsa-ba sṅo-ba.	〔Mañjuśrī-nāmasaṃgīti-kuśalamūla-pariṇāma.〕
NO.3384	名等誦無常修習	Mtshan yaṅ-dag-par brjod-paḥi mi-rtag-pa bsgom-pa.	〔Nāmasaṃgīty-anityatā-bhāvanā.〕
NO.3385	名等誦無常輪迴厭離	Mtshan yaṅ-dag-par brjod-paḥi mi-rtag-pa ḥkhor-ba-las yid-dbyuṅ-ba.	〔Nāmasaṃgīty-anityatā-saṃsārodvegopadeśa.〕

第 155 頁

故宮博物院藏版清乾隆滿文大藏經

故宮博物院 / 編

故宮出版社 / 出版

開本 / 8

冊數 / 109

出版時間 / 2018.12

定價 / 160000 元

ISBN / 978-7-5134-0854-7

　　《滿文大藏經》是清乾隆帝命章嘉呼圖克圖領導清字經館，以漢文、蒙文《大藏經》及藏文《甘珠爾》爲基礎，歷時十八年翻譯完成的一部滿文佛學著作，是我國滿文翻譯史上一部不可替代的重要文獻，對當代相關研究者而言，是一部翹首以待的重要參考資料。本書在清乾隆年僅刊印十二部，至今存世僅有兩部，其珍稀可想而知。爲便於教界、學界使用及信眾收藏，《滿文大藏經》首次以精裝版形式出版，版式爲上下雙欄，正好是原經葉的正面和背面，經文采用朱色印刷，扉頁畫和末頁畫使用彩色印刷，力求展現原經風采。原經共 108 函，故本書同原函，也分爲 108 冊，另附 1 冊滿、漢、梵文目錄索引，合計 109 冊。

滿文大藏經·大般若經 （第 8 冊 & 第 8 頁）

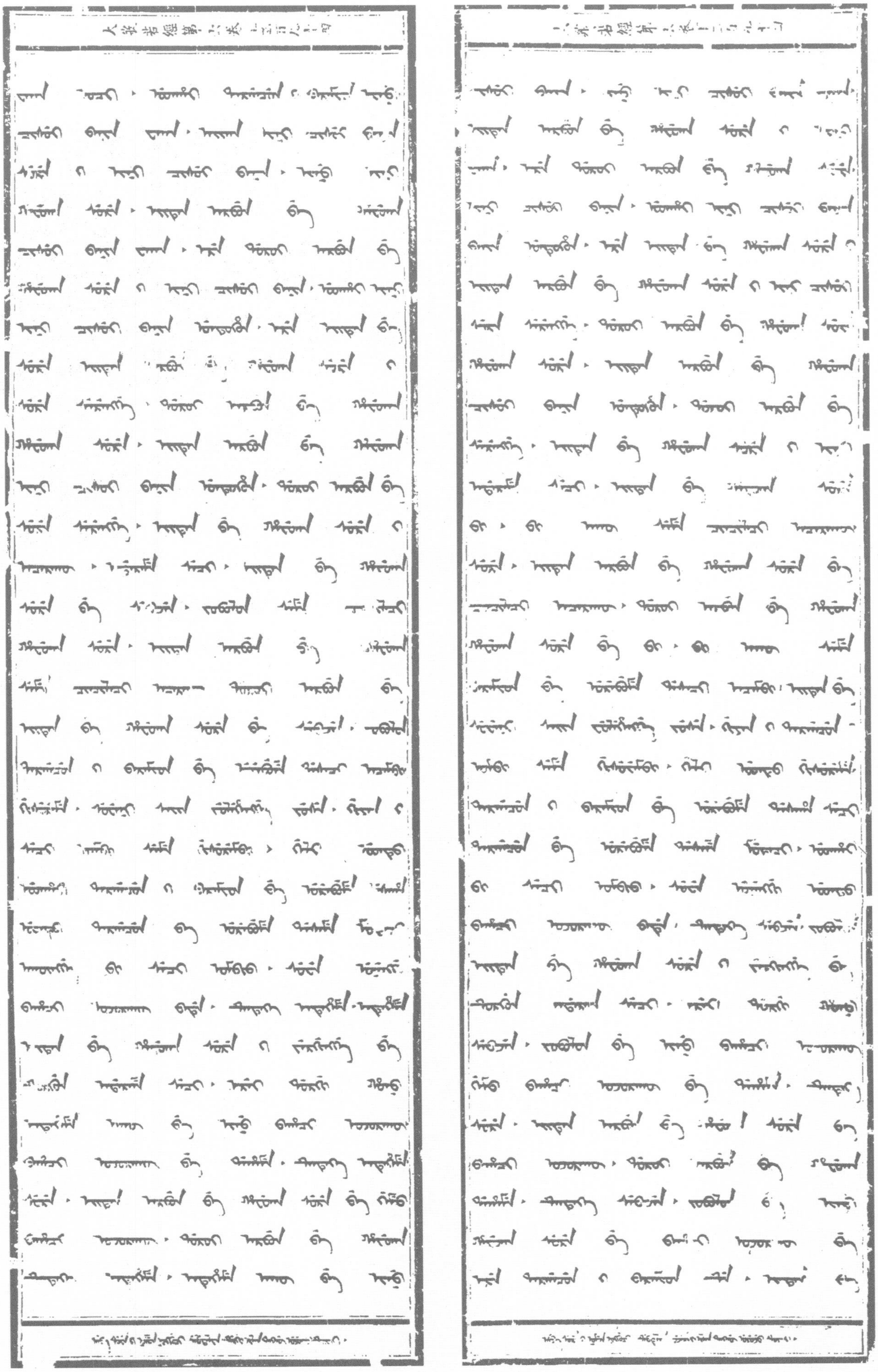

《滿文大藏經》樣章

普慧大藏經

普慧大藏經刊行會 / 編

中國書店出版社 / 出版

開本 / 16

冊數 / 42

出版時間 / 2007

定價 / 9800 元

ISBN / 978-7-80663-432-5

9 787806 634325 >

　　《普慧大藏經》是二十世紀四五十年代我國佛教界編修的一部大藏經。由上海著名居士盛幼盦（法名普慧）發起，並邀請蔣維喬、李圓淨、興慈、芝峰、丁福保、范古農、夏丏尊等僧俗商議、成立"普慧大藏經"刊行會，十年之間，共印行經籍 104 中，連同總目錄共計 100 冊。趙樸初居士的《緣起》將該藏的文獻特點講述的很清楚，"依據南傳、北傳國內外各版大藏經和參考典籍，校正歷代印本之漏誤、核對譯文之異同，編寫校勘記，收集各藏遺佚要典及新發現善本編校入藏，翻譯南傳大藏經，邊印邊排……"自問世以來，印本較少，知者亦寡，保存者以零本爲多見，完整的《普慧藏》很難尋見。上世紀末，金陵刻經處歷時三年整理紙型，今天，我們再次進行整理，重編後的《普慧大藏經》爲正度 16 開本，正文字型大小較之金陵刻經處印本大一號，更加美觀清晰；並重新分成 42 卷精裝，更適合現代人閱讀；以高檔綢緞裱褙封面，盡顯大藏經之高貴典雅。

弘一大師歐陽竟無 藏要合編

弘一大師　歐陽竟無 / 編

中國書店出版社 / 出版

開本 / 16

冊數 / 28

出版時間 / 2008

定價 / 9800 元

ISBN / 978-7-80663-525-4

　　弘一大師和歐陽竟無分別是近百年來中國佛教史上僧伽界和居士界，乃至社會上都一致公認的傑出代表，享有很高的威望。他們在佛學上有極高的造詣，故編輯《藏要》和《佛學叢刊》時的專業水準和敬業精神，都充分體現出《藏要合編》的權威性。

　　歐陽竟無編選的《藏要》三輯主要是針對研究佛學者，經內學院師生 20 年的努力，總計收入經律論 73 種。而弘一大師編輯《佛學叢刊》主要是針對一般學佛者，此書易解且價廉，便於初學及流通。《藏要合編》的推出，使二者合二爲一，互爲補充，成爲既適合於佛學研究者，又適應於一般學佛者，是非常難得的一份佛教經籍精選讀本。

御製滿漢蒙古西番合璧大藏全咒

（清）章嘉呼圖克圖 / 譯校
中國書店出版社 / 出版
開本 / 16
冊數 / 8
出版時間 / 2008
定價 / 3200 元
ISBN / 978-7-80663-418-9

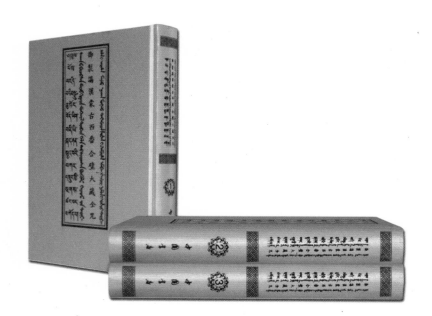

至清乾隆年間，大藏經已被翻譯刊印成漢、蒙、西夏、契丹文等多種民族的文字，但歷代漢文譯經者一概不翻譯其中的咒語，只是用與梵音接近的漢文字標注，由於漢字是表意文字，所以難以準確地標注梵文咒語的音韻，從而造成了漢文大藏經咒語與梵音差別越來越大的現象。於是高宗弘曆命莊親王允祿主持，與通梵文者一同將漢文《大藏經》中選錄的所有咒語以《欽定同文韻統》爲准詳加考訂，章嘉國師則以藏文音韻爲准，並參照蒙文音韻等，一字一句地標注了滿文對音字，遂編纂成滿漢蒙藏文四體合璧大藏全咒，於乾隆 38 年（1773 年）刊印成冊。清高宗弘曆下令編纂此書主要爲規範大藏經中的咒語音韻。

此重印本嚴格按照原版影印，使人們得見其原貌的同時，也獲得了一部校正咒語讀音的重要工具書。

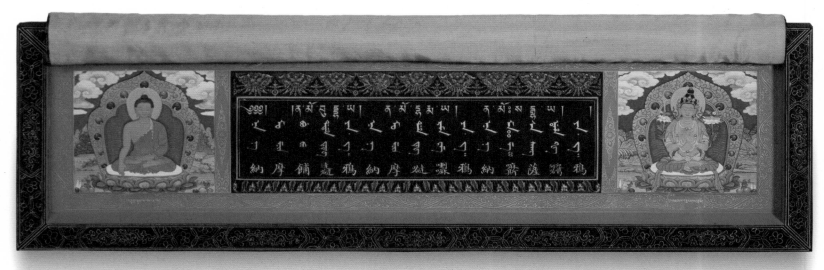

清乾隆印本上護經板

御製四體合璧大乘首楞嚴經：清乾隆四十年刻版重印本

故宮博物院 / 編
故宮出版社 / 出版
開本 / 716*215 mm
裝幀 / 梵筴裝
函數 / 10
出版時間 / 2013
定價 / 560000 元
ISBN / 978-7-5134-0376-4
印數 / 60 套

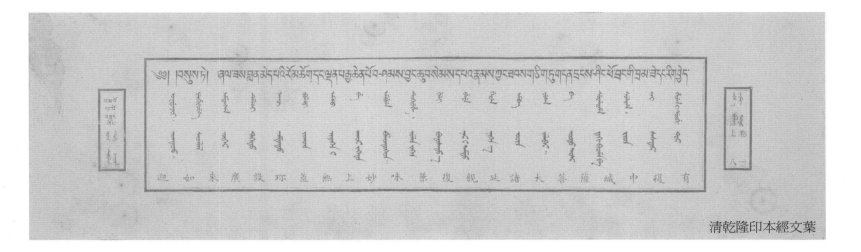

清乾隆印本經文葉

《楞嚴經》即《大佛頂如來密因修證了義諸菩薩萬行首楞嚴經》十卷，此經由印度高僧般剌密諦於灌頂誦出，屬佛教秘密部經典，公元八世紀初大唐神龍元年天竺沙門般剌密諦傳入中國，從梵文譯成漢文，在佛教史上具有很高的地位，是一部重要的佛教經典，有"諸佛萬行之樞紐"、佛教百科全書之稱。

乾隆《禦制四體楞嚴經》的翻譯刊刻，源於乾隆十七年（1752）章嘉國師向乾隆皇帝稟報此《楞嚴經》沒有藏文譯本，此經應從漢文本譯成藏文，乾隆皇帝下旨由莊親王主持、章嘉國師和傅鼎等擔任主校。先將漢文本譯成滿文、再由滿文譯成蒙文、由蒙文譯成藏文，並由皇帝親自審閱，歷時十二年（1763）完成，並繕寫兩部入宮中佛堂供奉。乾隆皇帝為此撰寫了《禦制楞嚴經序》。

《四體楞嚴經》為乾隆四十三年清內府清字經館刻，故宮博物院藏一部、北京雍和宮收藏一部、國家圖書館藏一部（殘）。原刻經版 1830 塊完好保存在故宮博物院。

近年，故宮博物院在對原刻經版再整理編目保護的基礎上，於 2012 年啓動了《四體楞嚴經》原版保護性刷印工程。幾經充分細緻準備，在選紙、選墨、刷印、裝訂等環節均采用中國傳統手工藝技術，並聘請國內著名非物質遺產傳承人做專業指導，經四年多的努力將出版之物一如原貌、原尺原寸、不差毫釐，莊重典雅、精美絕倫，呈現給諸位高僧大德、佛教居士、研究者、圖書館、博物館等研究機構收藏。是經的出版，對舊藏經版的保護利用提供了可資借鑒的經驗。是經開佛教經典的多種文種同譯之先河，功不可沒。

《楞嚴經》共計十函，圖為第一函，包含上下護經板及經文，用黃色織錦包經布包裹。

中國漢文大藏經補編

本書編委會 / 編
文物出版社 / 出版
开本 / 16
冊數 / 全 100 冊
出版時間 / 2013
定價 / 36000 元
ISBN / 978-7-5010-3797-1

流通量最大的大藏經——《乾隆大藏經》

自上世紀八十年代，文物出版社刷印清《龍藏》開始，之後的數十年間，《龍藏》的刊行一直方興未艾。先是臺灣數家出版機構重新製版推出了縮印《龍藏》，後河北佛協倡印數千部，部分捐贈，部分流通。數年前，中國書店出版社亦在此基礎上影印，流通量亦很大。兼之境外一些出版機構和佛教團體向中國大陸佛教界幾次數量不菲的捐贈，使得中國大陸佛教團體乃至居士家庭，擁有一部《龍藏》已經成爲比較普遍的現象，甚至在相當一部分人心中，《龍藏》是等同於《大藏經》的。

《乾隆大藏經》所收錄佛經情況

對於一般信眾而言，《乾隆版大藏經》所包含的經律論內容，已經非常充足。而對僧團和研究機構以及一些熱愛《大藏經》的居士而言，能夠見到更多佛經，則是最大的歡喜。各版本《大藏經》在收錄佛教典籍方面有各自的時代特徵，乾隆版《大藏經》雖然相對晚近，但由於時代條件限制，並非是歷史上各版本《大藏經》的集大成；同時，由於雍正、乾隆兩朝帝王個人價值取向的直接參與，甚至還刪掉了很多重要的經論。有相當數量的《龍藏》未收經典，分別收錄於《思溪藏》《趙城金藏》《洪武南藏》《嘉興大藏經》等不同時期的大藏經中。從另一個角度上講，即使經濟條件成熟，同時擁有這麼多不同時期的《大藏經》的影印版，也不是必須的。各《大藏經》所收經典雖然各有側重，但是，主體部分如《大般若經》《華嚴經》《阿含經》等數百部重要經典，都是重複的。

《中國漢文大藏經補編》應運而生

鑒於以上種種問題，我們也深入瞭解了當下佛學機構的需求，決意編訂《中國漢文大藏經補編》（又名《龍藏補編》）。顧名思義，是將《龍藏》中沒有收錄，而散見於其他各種《大藏經》中的重要經論進行一次全方位地梳理和編輯。

《龍藏》收錄佛教典籍1669種，此次補編收錄佛教典籍648種，兩者相加，計有2317種。幾乎涵蓋了佛所說一切經，所制定一切律，以及有史以來古德全部論著。可以說，擁有了《龍藏》，再擁有了《中國漢文大藏經補編》，就等於擁有了國內歷代已入藏的漢文佛教經論。

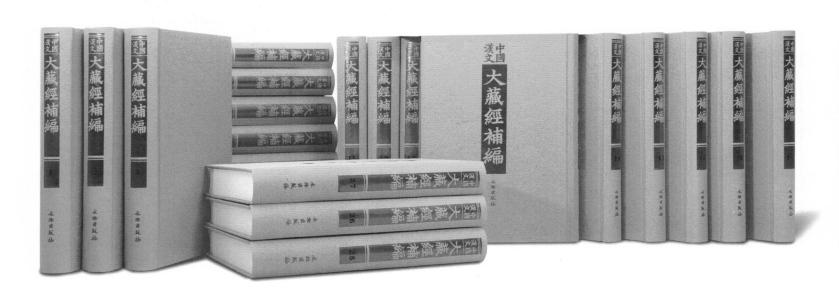

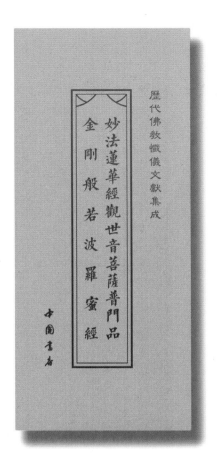

金剛般若波羅蜜經

法會因由分第一 由此起因 說法聚會 姚秦三藏法師 鳩摩羅什譯

如是我聞一時佛在舍衛國祇樹給孤獨園與大比丘衆千二百五十人俱爾時世尊食時著衣持鉢入舍衛大城乞食於其城中次第乞已還至本處飯食訖收衣鉢洗足已敷座而坐

善現啓請分第二 啓請佛訓 善現長老

時長老須菩提在大衆中即從座起偏袒右肩右膝著地合掌恭敬而白佛言希有世尊如來善護念諸菩薩善付囑諸菩薩世尊善男子善女人發阿耨多羅三藐三菩提心云何應住云何降伏其心佛言善哉善哉須菩提如汝所說如來善護念諸菩薩善付囑諸菩薩汝今諦聽當爲汝說

66 67 68

歷代佛教懺儀文獻集成

法雲法師 / 編
中國書店 / 出版
裝幀 / 經摺裝
冊數 / 全 18 冊
出版時間 / 2011
定價 / 1600 元
ISBN / 978-7-80663-977-1

本書收錄內容：

道藏集成·第一輯

正統道藏與萬曆續道藏

本書得到中國人民大學"統籌建設一流大學和一流學科建設項目"經費支持

何建明 / 主編
國家圖書館出版社 / 出版
開本 / 16
冊數 / 全 108 冊
裝幀 / 豪華精裝
出版時間 / 2017
定價 / 38800 元
ISBN / 978-7-5013-6147-2

　　《道藏》刻印以來，明清有多次重印，但是存世稀有，連民國時商務印書館影印涵芬樓版也存留不多。上世紀七八十年代臺灣和內地先繼影印過幾個版本的《道藏》，至今已多歷年所，難以滿足日益旺盛的研究和復興中的道教的需求，因此，近期國家圖書館重新影印出版。影印時在版面、裝幀上相對前幾個影印本作了一些調整，如已影印的幾個版本爲了減少冊數，每頁排入原書版面過多，文字細小，版面不夠疏朗，國家圖書館作了調整，既方便閱讀，又顯得美觀大方。調整後總計一百零八冊。前幾個影印本將原本五百一十二函壓縮到了六十冊，甚至三十六冊，雖然方便學者研究，但是對於道教界來說，區區幾十冊就涵蓋了整個道教經籍，相比與佛教動輒數百冊的各版影印佛教大藏經，實在不足觀瞻。版面設計和裝幀也儘量采用一些傳統的紋飾和布面材料，封面使用道教常用的紅色，使書冊全方位展示出古籍所特有的韻味和道教典籍的風貌。所以這一版重印《道藏》既適合學術界研究之用，也是重印本裏面最適合道教宮觀供奉和學習的一部道教大藏經。

道藏集成·第二輯

日本大阪府立中之島圖書館藏嘉慶版《道藏輯要》與光緒版《道藏輯要》合刊

本書得到中國人民大學"統籌建設一流大學和一流學科建設項目"經費支持

何建明 / 主編
中国书店 / 出版
開本 / 16
冊數 / 全 82 冊
裝幀 / 豪華精裝
出版時間 / 2021
定價 / 49200 元
ISBN / 978-7-5149-2393-3

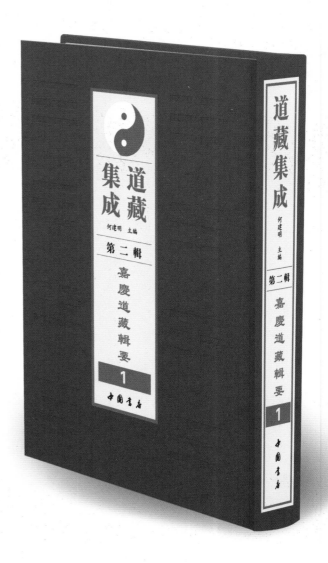

　　《道藏輯要》是清代編纂的唯一一部大型道教經典總集，是繼《正統道藏》和《萬曆續道藏》之後最重要的道教文獻結集，對於研究明清道教來講，是不可或缺的珍貴資料。雖然光緒版《道藏輯要》已出版有數個版本，但嘉慶版《道藏輯要》卻一直未重印出版。

　　隨著義大利女學者莫尼卡（Monica Esposito）博士、日本京都大學的麥穀邦夫教授和香港中文大學黎志添教授先後主持和推動的"《道藏輯要》研究計畫"在國際合作中不斷取得新進展，嘉慶版《道藏輯要》的獨特價值隨之凸顯出來。

　　目前已知的嘉慶版《道藏輯要》有至少十六個本子，分別藏於中國、日本以及歐洲的收藏機構，這爲我們選擇底本增加了不少難度。美國羅格斯大學歷史系劉迅（Xun Liu）教授特別向我們推薦了兩位日本學者，垣內智之與池平紀子關於《道藏輯要》的研究成果。垣內智之和池平紀子兩位教授對於已有各處所收藏的不同版本的《道藏輯要》進行了比較全面而細緻的對比研究。他們經過潛心的研究和仔細的考證，非常有說服力地證明中之島圖書館收藏的嘉慶版《道藏輯要》是目前所知最早的版本，也是比較完整的版本，而且其他的各個版本都是在此基礎之上進行編纂和出版的。

　　最終我們選擇了日本大阪府立中之島圖書館收藏的《道藏輯要》嘉慶本作爲重印底本，此嘉慶版《道藏輯要》不僅出現得最早，而且刻印也最爲精美。原書二十八函，全二百二十冊。

　　此次影印採用精裝形式，成書六十四冊。字跡清晰，印製精美。光緒版《道藏輯要》成書十八冊，附嘉慶版之後，此前流通的主流版本將原書九頁縮印於一個版面，版面密集，字跡細小且多模糊，不便閱讀。有鑒於此，我們此次每頁影印原書四頁，正好爲原書兩版，再現原書完整版面，印製清晰，閱讀舒適，希望能得到大家的喜愛。

元始無量度人上品妙經

道藏輯要

元始无量度人上品妙經卷之一

道言昔於始青天中碧落空歌大浮黎土受元始度人无量上

品元始天尊當說是經周迴十過以召十方始當詰座天真大

神上聖高尊妙行真人無鞅數眾乘空而來飛雲丹霄綠輿瓊

輪羽蓋垂蔭流精玉光五色鬱勃洞煥太空七日七夜諸天日

月星宿璇璣玉衡一時停輪神風靜默山海藏雲天無浮翳四

氣朗清一國地土山川林木緬平一等無復高下土皆作碧玉

無有異色眾真侍座元始天尊懸坐空浮五色獅子之上說經

一徧諸天大聖同時稱善是時一國男女聾病耳皆開聰說經

道藏輯要　度人妙經

角集一

道藏集成·第五輯

關帝卷

本書得到中國人民大學"統籌建設一流大學和一流學科建設項目"經費支持

何建明 / 主編
王見川　高萬桑 / 本輯主編
中國書店 / 出版
開本 / 16
冊數 / 全 32 冊
裝幀 / 豪華精裝
出版時間 / 2020
定價 / 19800 元
ISBN / 978-7-5149-2394-0

《道藏集成·關帝卷》的資料來源主要有三：

一、《關帝文獻彙編》所載文獻 11 種。（得到授權）

二、法國國家圖書館藏館藏文獻 1 種。（得到授權）

三、王見川個人收藏文獻 93 種。

尤其是後二項，是以往關帝文獻集成類出版品所沒有的，可說是本套書的最大特色。大致來說，《道藏集成·關帝卷》至少收錄如下八種類型的關帝經卷與文獻：

一、關帝文獻合集：如《關聖帝君聖跡圖志》《關帝事蹟征信編》。

二、關帝文獻與經卷集成：像《關帝全書》。

三、關帝經卷：《關帝覺世經》《關帝明聖經》《朱子刪定玉泉真本桃園明聖經》。

四、關帝懺、誦本：有《武帝經懺》。

五、關皇經卷與文獻：指的是關帝當中皇與玉皇后，民眾與宗教團體創造出的經卷與文獻，《中皇明聖經》《旻皇寶經》《中外普度皇經》《玄靈玉皇經》是其中著例。

六、關帝鸞書：如《返性圖》。

七、關帝勸善文：如《法戒編》《關帝救劫文》。

八、關帝靈驗錄：像《關帝歷代顯聖志傳》所記曆朝關帝顯聖事蹟。

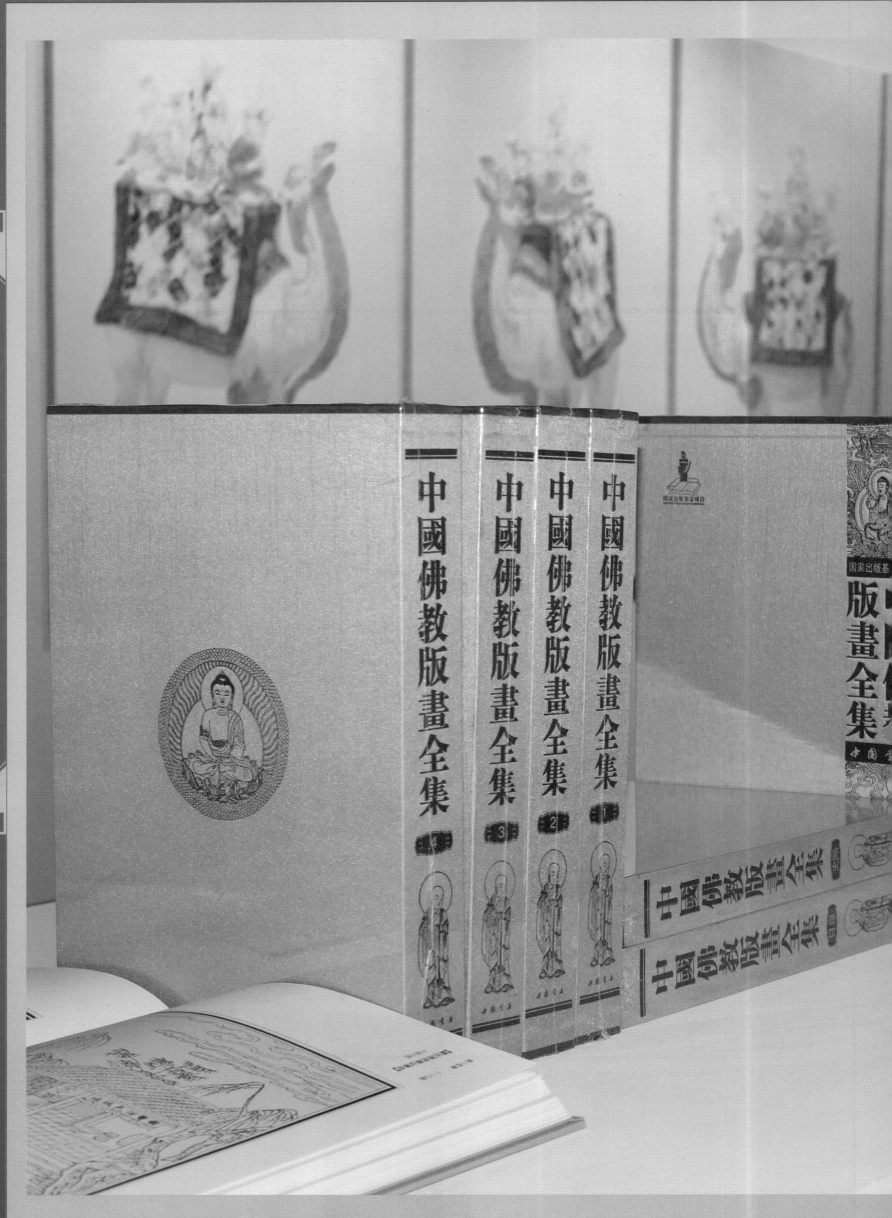

中國佛教版畫全集

2016 年度國家出版基金資助項目
第四屆中國出版政府獎提名獎

翁連溪　李洪波 / 主編
中國書店出版社 / 出版
開本 / 8
冊數 / 82
出版時間 / 2014
定價 / 98000 元
ISBN / 978-7-80663-769-2

国家出版基金项目
NATIONAL PUBLICATION FOUNDATION

二〇二二至二〇二三年度佛道教文獻最新書目

佛教版畫，是中國藝術殿堂中一顆璀璨奪目的明珠。自隋唐至清，在這段漫長的歷史時期內，佛畫家運丹青於尺幅，木刻家操刀筆於梨棗，創造出了難以數計的美輪美奐的版畫藝術珍品，成爲前人留給我們的一份極爲珍貴的歷史文化財富。

聚沙成塔，集腋成裘，多歷年所，沉溺於斷簡殘編，孜孜於千經萬典，訪求於公私藏家，搜羅於名山古刹，所得歷代雕版佛畫達三千餘種，三萬五千餘幅，勒爲一編。是書出版，使得佛教版畫千年精品匯於一巨帙，實爲佛教版畫有史以來的第一次大結集，其中世所罕見，各類版畫史圖集未收之本達十之八九，不但使人饜目得飽，而且第一次爲研究佛教版畫的淵源流變，提供了完備詳明的史證。

本書爲忠實原作尺幅，采用八開本印刷。利用現代影像技術影錄古籍原件，毫厘不爽。不僅開本碩大，且用紙考究，采用純木漿製紙，力圖『紙壽千年』。硬面精裝的外封及得體函套，均用天然亞麻纖維布料裱襯，施以現代印刷工藝，保證了成書的品質。是書八十二巨冊完美呈現版畫千年風貌。

中國佛教版畫全集 · 補編

翁連溪　李洪波 / 主編　　烏日切夫 / 19~26 冊主編

中國書店出版社 / 出版

開本 / 8

冊數 / 26 冊

出版時間 / 2017.5

定價 / 39000 元

ISBN / 978-7-5149-1836-6

　　《補編》仍然沿用《全集》的版面樣式、編排方法及裝幀工藝，以保持兩部分的一致。雖然兩次出版，但實際從內容上來講它們是一個整體，特別是《補編》中少數民族文字版畫部分，是對中國佛教版畫藝術史重要的補充。

　　《補編》中收錄的佛教版畫文獻上起唐末五代，下止民國，唐以降歷朝齊備，但數量仍以明清爲最。漢文部分沿用《全集》的編排體例，以刊印時間爲序。少數民族文字版畫專闢八卷予以收錄。因其出版資訊多不翔實，除明確有時間紀年的版本外，其他多根據紙張、版畫內容、收藏地等資訊考據大致時間，故無法按時間排序，只能將此部分文獻大致按語言分爲蒙文、藏文、滿文三個部分，各部分又以其繪刻內容再進行分類。

　　《補編》各卷佛教版畫收錄內容如下：

第一卷，唐、五代、宋、西夏、元、明初佛教版畫。

第二卷，明早期至正統時期佛教版畫。

第三卷，明正統至成化時期佛教版畫。

第四卷，明弘治至萬曆時期佛教版畫。

第五至六卷，明萬曆至崇禎時期佛教版畫。

第七卷，明崇禎時期佛教版畫。

第八卷，明末至清順治時期佛教版畫。

第九至十卷，清康熙時期佛教版畫。

第十一卷，清康熙至乾隆時期佛教版畫。

第十二卷，清嘉慶、道光時期佛教版畫。

第十三卷，清咸豐至光緒時期佛教版畫。

第十四至十五卷，清光緒至宣統時期佛教版畫。

第十六卷，清末至民國時期版畫。

第十七至十八卷，明、清、民國時期民間佛教版畫。

第十九至二十卷，蒙文佛教版畫。

第二十一至二十五卷，藏文佛教版畫。

第二十六卷，滿文佛教版畫。

中國道教版畫全集　　2019 年度國家出版基金資助項目

翁連溪　李洪波 / 編

中國書店出版社 / 出版

開本 / 8

冊數 / 100

出版時間 / 2019

定價 / 160000 元

ISBN / 978-7-5149-2237-0

國家出版基金項目
NATIONAL PUBLICATION FOUNDATION

　　《中國道教版畫全集》共收錄北宋至民國時期的道教版畫逾三萬幅，近五百種文獻，編選原則以道教經典、著作及獨幅道作品爲主，也適當地甄選了部分道觀志、地方誌、詩文、小說、畫譜等與道教相關的版畫。就其文獻性質來講包含了道教經、懺、律、注疏、史傳、地志、圖譜、術數、年畫、醫藥、文藝作品等；按版畫形制和在文獻中的位置分包括獨幅、扉畫、尾畫、插畫、畫冊等；按圖像內容分包括人神肖像、神鬼圖像、山水、地理、建築、故事、道術、符籙、藥物、壇場、器物、服飾、植物等。值得一提的是，本書收錄的大多數文獻從來沒有影印出版過，其中的一些甚至深藏高閣，不爲學者所知。這些文獻的面世將極大的方便道教版畫領域展開研究和利用，甚至出現突破性的進展。本成果受到中國人民大學二〇一九年度『中央高校建設世界一流大學（學科）和特色發展引導專項資金』支持。

函套及書的樣式

中國地方志佛道教文獻匯纂

何建明 / 主編

國家圖書館出版社 / 出版

開本 / 大 32

出版時間 / 2013

人物卷

冊數 / 133

定價 / 40962 元

ISBN / 978-7-5013-4791-9

寺觀卷

冊數 / 408

定價 / 125659 元

ISBN / 978-7-5013-4790-2

詩文碑刻卷

冊數 / 498

定價 / 153379 元

ISBN / 978-7-5013-4789-6

　　本套書是迄今爲止中國地方誌文獻最大規模的專題歷史文獻結集，也是繼佛教《大藏經》、『佛寺志』和道教《道藏》、『道觀志』等教內文獻及正史文獻之外最重要的佛教和道教的主流和主要文獻，較已有的各類教內和正史佛教道教文獻典籍更全面真實地反映了中國古代和近代社會中的佛教和道教文化的本來面目，充分展現了二千多年來中國佛教和道教文化傳統的歷史性、民族性、地域性、社會性和實踐性等鮮明特色及其與當代佛教和道教之間不可分割的重要歷史聯繫。

　　全書直接收錄1949年以前編纂的全國和各省市區縣及鄉鎮的各種地方志文獻（寺觀志除外）6772種。其中，漢-唐和宋遼金元方志輯佚本337種，唐本4種，宋本38種，金本1種，元本9種，明本704種，清本5108種（含舊志清刻本），民國本1569種（含舊志新版本）；各類稿本143種，各類抄本800餘種；全國一統志38種，北京67種，天津27種，河北437種，山西336種，內蒙古35種，遼寧87種，吉林59種，黑龍江42種，上海110種，江蘇522種，浙江581種，安徽262種，福建286種，江西389種，山東423種，河南358種，湖北268種，湖南273種，廣東317種，廣西163種，海南41種，重慶107種，四川479種，貴州151種，雲南206種，西藏50種，陝西340種，甘肅151種，青海22種，寧夏22種，新疆56種，香港2種，澳門10種，臺灣55種。由於有些方志是多種志書的合集，故全書實際收錄方志總計6813種。

中國佛寺志叢刊

白化文　張智 / 主編
廣陵書社出版社 / 出版
開本 / 大 32
冊數 / 130
出版時間 / 2006
定價 / 25600 元
ISBN / 978-7-8069-4126-3

　　地方志是一個地方的百科全書，而佛寺志就是一個寺的歷史，眾多的寺志無疑組成了一部最詳備、最直接、最原始的中國佛教史。人們可以從中發掘出中國歷朝歷代的政治、經濟和佛教的關繫以及中國文化發展，包括文學、藝術、繪畫、雕刻與佛教千絲萬縷的聯繫。

　　修志者，有寺僧，名儒居士，也有官方所修，其內容大致包括：圖考、沿革、山水、古跡、建置、僧傳、法語、寺產、規約、藝文等。『僧傳』可以補充歷代高僧傳的不足，『法語』則多爲大藏經所未錄，其中不乏真知灼見，也有機鋒百出的禪宗公案，『寺產』則爲研究佛教經濟史留下了豐富的材料，『規約』記載了很多寺規戒約，有助於探討中國佛教的清規戒律，『藝文』部分既有禪思雋永的詩句，又有當時社會名流與高僧大德的唱酬之作，也有著名詩人吟詠佳篇，同時還收錄了碑傳、書信、序文等大量珍稀資料。本書爲研究提供了豐富的史料，爲輝煌中國佛教文化及佛教史增添了亮麗的色彩。

古今圖書集成佛道教文獻匯編

延藏法師 / 主編
中國書店出版社 / 出版
開本 / 大 32
冊數 / 62
出版時間 / 2009
定價 / 15000 元
ISBN / 978-7-80663-695-4

　　《古今圖書集成》是康熙皇三子胤祉奉康熙之命與侍讀陳夢雷等編纂的一部大型類書。全書規模宏大，分類細密，是古代資料文獻中重要的百科全書，其中佛道二教資料甚豐。全書專門涉及佛道教內容的就佔有全書 32 典當中的一典，即『神異典』，份量之重可見一斑。故將其中的佛道教文獻條分縷析、專門結集，必將嘉惠於學林，方便於叢林。此書底本采用的是《古今圖書集成》的第四個印本，又稱『中華書局版』。1934 年由上海中華書局依康有爲所藏的銅活字原印本影印。此版校勘精細，字跡清晰，查閱方便，是迄今最通行、最精善的本子。

　　本書涵蓋了佛經、道教典籍、佛道教建築、佛道教人物以及佛道教其他相關內容。在正文順序的排列上依照原書次序，始於『神異典二氏部』，終於『神異典異境部』。

歷代佛教傳記文獻集成

李印來 / 主編
李榮胜 / 執行主編
國家圖書館出版社 / 出版
開本 / 大 16
冊數 / 136
出版時間 / 2015
定價 / 99800 元
ISBN / 978-7-5013-5683-6

　　本書彙集了現今能采集到的佛教各種漢字傳記文獻，涵蓋官修的佛藏善本、散落民間的印本史料，以及大量民國時期報刊、佛教刊物中的人物傳記資料。傳主則包括了佛、菩薩、羅漢、高僧、比丘、比丘尼及居士等佛教相關人士。本書的影印出版，能夠為佛教界、學術界提供大量的研究素材，特別是將民國時散見於報刊中的佛教人物資料輯錄出來，有一定史料價值。

甲編：佛菩薩羅漢傳記文獻（第一冊～第一七冊）
乙編：高僧傳記文獻（第一七冊～第一二六冊）
丙編：居士傳記文獻（第一二六冊～第一三二冊）
丁編：佛教歷史碑銘同戒錄傳記文獻（第一三二冊～第一三六冊）

中華律藏

傳印長老 / 主編
國家圖書館出版社 / 出版
開本 / 大 16
冊數 / 60
出版時間 / 2009
定價 / 20000 元
ISBN / 978-7-5013-3966-2

　　本書涵蓋歷代律部文獻，並收錄藏外律宗文獻、本土僧團多年形成的有各自特色的清規以及近現代高僧學者有關戒律的論述等，所包豐富，內容全面。全書主要有以下幾個部分組成：

一、各大藏經律部。以《高麗大藏經》、《卍續藏》為基礎母本，將各大藏經中律部文獻進行互補性收集。

二、藏外律宗文獻。主要包括敦煌遺書、黑水城出土文獻、應縣木塔遼代秘藏中所出的律宗文獻。

三、清規部。收集各藏經、佛寺志、地方誌、單行本寺院清規及民國時期期刊報紙中所見清規，合為一輯。

四、近現代高僧學者講律文獻。將未入藏之近現代高僧學者講律文獻收為一輯。

五、戒律實用文獻。主要收錄：我國一些寺院的同戒錄單行本；各時代戒牒；佛教相關日用檔。

禪宗全書

藍吉富 / 主編
國家圖書館出版社 / 出版
開本 / 大 16
冊數 / 101
出版時間 / 2004
定價 / 18000 元
ISBN / 978-7-5013-2602-0

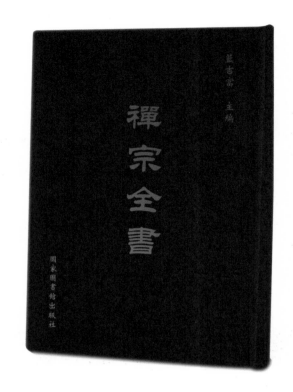

　　本書收錄了漢文大藏經中的所有的禪宗典籍，並且在收錄南宗禪典籍的同時亦收錄了六祖以前及北宗史料。全書分爲史傳、宗義、語錄、清規、雜集等五部，共收集六世紀迄二十世紀禪宗典籍五百七十餘部。其中，以語錄部最多，史傳部居次，是迄今爲止，中外各國收錄禪宗典籍最多的禪宗類叢書。

　　爲了精選最佳版本、收齊所需資料，藍吉富教授多次親赴日本、朝鮮搜羅資料，故而國內外禪宗典籍幾近收錄，收書之全居歷代禪宗叢書之首。

中國燈錄全書

淨慧長老 / 輯
中國書店出版社 / 出版
開本 / 16
冊數 / 20
出版時間 / 2008
定價 / 8000 元
ISBN / 978-7-80663-431-8

　　禪是一盞燈，眾生內心都有一盞燈，而其本有的光明卻有待引發與開啓。佛陀悟道後在恒河兩岸隨機說法 49 年，即爲點燃眾生本有的心燈，啓發其覺性之光。禪史載，佛陀最後在靈山會上拈花示眾，將『涅槃妙心，實相無相』付與摩訶迦葉，成爲禪宗禪法的源頭。佛陀對摩訶迦葉的付囑不過是以心傳心、以心印心，付無所付，就像燈傳遞光明一樣。後來的中國禪師們不斷地將始自佛陀的心燈傳給後來者，如此一燈傳眾燈，燈燈相續，連綿不絕。因此可以說禪宗的歷史便是傳揚佛祖心燈的歷史，記載這一歷史過程的文獻便是『燈錄』。燈錄記載了歷代禪師悟道、得法、傳法的因緣。禪宗之法是心法，『法本法無法，無法法亦法』。燈錄裏沒有概念名相的演繹，它只是生動的記述了祖師們領悟心法、傳遞心法的過程。

　　《中國燈錄全書》是第一部全面收錄各燈錄的總集，是燈錄編輯中的創舉。本書由當代高僧淨慧長老主編。大都按撰作年代依次排列，惟稱某某之『續』、『補』者，則破例附在所續之後（如《指月錄》、《續指月錄》等）。爲人們的參閱和研究都帶來了莫大的便利。

日本密宗大典

本書編委會 / 主編
中國書店出版社 / 出版

開本 / 16
冊數 / 10
出版時間 / 2008
定價 / 3800 元
ISBN / 978-7-80663-417-2

日本密宗包括東密和台密，均傳自唐代中國。自唐貞元二十年（804 年）起，日本先後派遣八名學僧入唐求法，盡得唐真傳，世稱日本入唐八大家。其中又以最澄（傳教大師）、空海（弘法大師）爲首。最澄於貞元二十至二十一年（804—805 年）入唐，師事善無畏弟子順曉，以修天台兼學密宗，世稱其傳爲『台密』；空海於貞元二十至二十二年（804—806 年）入唐，師事善無畏再傳弟子惠果，專修唐密，回國後任日本東寺住持，世稱其傳爲東密或真言密。無論台密東密，皆尊唐密大師善無畏、金剛智、一行、不空及其弟子爲宗祖。

本書精選日本八大家，最澄、空海、圓仁等高僧及其歷代傳法弟子所撰有關密宗經典論疏及各種修習儀軌方法等，其數量之多居各國密宗之首。內容包括漢文論疏、抄記等，名目甚多，是總結、闡述和發揮唐密教義、儀軌、修法的最佳記錄。是研習密宗的必讀文獻，也是藉以瞭解唐密全貌和恢復唐密修習次第的必讀參考書。同時，對研究日本文化、中日文化交流史、佛教交流史具有重要的資料價值。

本書是有史以來第一次對歷代禪林清規的結集。本書底本亦采集較廣，既包括收錄於大藏經中的清規，也包含從浩如煙海的地方志、佛寺志中輯錄出來的佛門清規，亦有未收入藏經的稀見單行本寺院清規，尤爲有特色的是，本書將散見於民國佛教報刊中的近現代禪門清規和當代一些重要叢林中的清規也一並收入，堪稱『清規大全』。

爲方便讀者使用，本書所收清規以時間爲序。同時，這一編排方式也明晰了各種清規產生的時間脈絡，因此，本書亦不失爲一部簡明的清規發展史，具有極高的史料價值和研究價值。

歷代禪林清規集成

淨慧長老 / 主編
中國書店出版社 / 出版

開本 / 16
冊數 / 8
出版時間 / 2009
定價 / 3600 元
ISBN / 978-7-80663-684-8

重刊術藏

謝路軍 / 主編
九州出版社 / 出版
開本 / 16
冊數 / 100
出版時間 / 2018
定價 / 68000 元
ISBN / 978-7-5108-6898-6

　　《術藏》，是海內外第一部關於術數的大型叢書，是從古代至民國的中國術數學的總匯，也是以易學理論和陰陽五行爲核心的中國文化的文獻集成。它將中國數千年來有關於術數學的各種經典及相關著作統統彙集一編，網羅無遺，結集成書。由巫術和中國傳統哲學而發展來的術數學，是中華文明的重要源頭之一，中國的歷史、哲學、政治、宗教、倫理、科學、美學等均受其影響。

　　本書的資料搜集，歷經十餘年，凡各圖書館所藏的善本、易學名家所收藏的稿本和秘本，凡可見傳世之藏本，不計代價，盡皆收入。凡當前傳世的重要術數類典籍，本書均有著錄。可稱得上是秘本眾多，古今獨步。

　　本書把各種典籍，按其所屬的分類，編入本類別。由於奇門、太乙、六壬等三種圖書存世量較大，本書不再按傳統的分類方法，而將其單獨成編。凡屬重要典籍，傳世本若有殘缺等情況的，另收入較清晰的版本，以資較對。本書的編輯取捨，每一類的各個側重方面，均收入代表性的典籍，自成一個完整的系統。依據本書，無論是對收入的重要術數類典籍，還是對每個方面進行系統地研究，學者們都不會再有研究上的缺憾。

續修術藏

謝路軍 / 主編

九州出版社 / 出版

開本 / 16

冊數 / 100

出版時間 / 2019

定價 / 68000 元

ISBN / 978-7-5108-7377-5

　　《續修術藏》據《館藏善本書總目》所載，凡《術藏》一書所未及收錄的相關版本，擇國內外珍藏的相關善本及珍本古籍影印收錄，分爲 16 類，凡 628 種，合裝爲 100 冊。計有：易占 4 冊 9 種，堪輿 40 冊 384 種，太乙 1 冊 6 種，奇門 6 冊 39 種，六壬 6 冊 36 種，星命 10 冊 15 種，紫微 1 冊 7 種，相術 1 冊 15 種，夢占 2 冊 4 種，曆算 3 冊 25 種，數學 2 冊 1 種，神數 13 冊 21 種，符咒 1 冊 29 種，擇吉 6 冊 21 種，雜占 1 冊 15 種，兵法 3 冊 1 種，便於當今學者對中國古代哲學的研究。

　　是書規模宏大，徵引豐富；圖文並茂，收錄廣泛；結構嚴謹，體例完備；分類詳細，便於檢索。是研究中國古代哲學思想的重要文獻資料。

新編世界佛學名著譯叢

藍吉富　南開大學宗教與文化研究中心 / 主編
中國書店出版社 / 出版

開本 / 大 32
冊數 / 151
出版時間 / 2010
定價 / 32000 元
ISBN / 978-7-80663-633-6

　　《世界佛學名著譯叢》一書自在臺灣問世以來，佛教界、學術界的反響至爲熱烈，此書的出版對於臺灣佛教界的學術研究與佛教文化的復興起到了重要作用。然《世界佛學名著譯叢》一書只在臺灣出版，大陸並未發行，大陸教界、學界則無法一覽此書之面貌，實爲一大憾事。《新編世界佛學名著譯叢》一書經北京版權代理有限責任公司代理，由中國書店出版社在大陸編輯、整理出版，以實現兩岸學術的交流與共享。本叢書名爲《新編世界佛學名著譯叢》，共 151 冊，第 1—97 冊由藍吉富主編，第 98—150 冊由南開大學宗教與文化研究中心主編，并附詳細目錄索引 1 冊。

　　《新編世界佛學名著譯叢》是在原有《世界佛學名著譯叢》一百冊的基礎上又增添了五十餘種譯著，以學術界著名譯者耿昇、宋立道、許建英、朱謙之等作品爲主要代表，加之馮承鈞、演培法師、慧圓居士等翻譯作品，編輯整理爲一百五十冊。

現代佛教學術叢刊

張曼濤 / 主編
國家圖書館出版社 / 出版

開本 / 大 32
冊數 / 101
出版時間 / 2005
定價 / 20000 元
ISBN / 978-7-5013-2805-5

　　本書收集了近現代以來有關學者專家多達 823 人的論文 1776 篇，按禪宗、佛教史、唯識、華嚴、三論、天台、淨土、密宗、律宗、印度佛教排列十輯。全書集中展現了中國佛教近 2000 年來空前的視野、器度和氣魄，內容涉及面廣，容量大，特別是其中相當一部分文章由佛教名僧、學界泰斗撰寫，彌足珍貴，是現代佛學研究難得的精品學術叢刊。

《徑山藏》所載牌記資料彙編

李國慶 / 主編
國家圖書館出版社 / 出版
開本 / 大 16
冊數 / 19
出版時間 / 2016
定價 / 12000 元
ISBN / 978-7-5013-5849-6

　　《徑山藏》在卷末大都附有牌記，具有很高的研究價值。這些牌記的內容相當豐富，不僅包含藏經施刻方面的大量資訊，更提供了關於當時歷史、哲學、經濟、文化等多方面的豐富文獻資料。具體而言，牌記內容涉及捐刻者的姓名、官銜、所在地域；涉及捐刻的原因和捐資的銀兩數額；涉及所刻的經名、卷次、字數和版片數量；涉及寫刻工匠姓名、刻書時間和地點等等，其含金量非常高。總之，這些牌記資訊爲我們瞭解該藏的刊刻情況，研究明末至清中期的出版史、社會經濟狀況、社會文化等，提供了豐富的寶貴資料。

《徑山藏》所載序跋文獻彙編

釋戒興　紀華傳 / 主編
國家圖書館出版社 / 出版
開本 / 大 16
冊數 / 8
出版時間 / 2017
定價 / 5000 元
ISBN / 978-7-5013-6142-7

　　《徑山藏》除本身收錄的 2656 種佛教經籍外，其附錄在經籍中的附屬文獻，將爲治學者提供豐富的研究資料。此處所謂的『附屬文獻』是指附屬在該書，但並非由作者所撰的某些零星文字，包括外人爲該書所寫的序、跋、刊刻題記、像贊、緣起……等附屬數據。在三百部獨家所收數據中，粗略的估算，附屬文獻當不下于一千篇。這些文字的作者，有在家有出家。歷代名流也不在少數，像憨山、智旭、紫柏、袾宏、道忞、澹歸（今是）、宋濂、姚廣孝（道衍）、徐渭、袁宗道、瞿汝稷、李卓吾、馮夢禎、曾鳳儀、陳維崧、錢謙益、毛晉、吳偉業……等人都曾出現過。而錢謙益所撰的序跋類文字尤爲常見。這些附屬文獻多不載錄于他書，所以將之匯輯爲一編，將爲佛教史、文學史、出版史等領域的研究提供極大的方便。

2006年《民國佛教期刊文獻集成·正編》出版，本書收集了148種珍稀民國佛教期刊，合編成204冊，目錄5冊，其中未見著錄者有17種，各館藏孤本29種。像《海潮音》《威音》《內學》《微妙聲》《世間解》《獅子吼》等名刊皆以完整的面貌再現世人，彌足珍貴。縱覽全書，其中收錄民國時期珍稀老照片數千張，重要佛教學術論文近萬篇，各類佛教新聞三萬餘條……可謂法海波瀾、洋洋大觀。

2008年《民國佛教期刊文獻集成·補編》出版，收集到《正編》所收刊物之外的83種刊物，並補齊了《正編》中收入但未收全的刊物20種，合編成86冊（含目錄索引）。

2013年《民國佛教期刊文獻集成·三編》出版，收集到新刊51種，並對前兩編所收期刊中的近20種進行了增補，合編成35冊，含目錄索引1冊。三編的推出使得這套珍貴文獻更加完整，價值因此大大提升。此書具備了佛教文化研究、版本收藏等多方面的價值。堪稱我國目前收集最完整的早期佛教期刊合集。可以認爲，是當代佛教大藏經續編的一項重大的工程，其影響和價值不容忽視。

本套叢書的資料收集及編纂工作歷時近十年，總共收錄佛教期刊282種，成書330冊。如此，我們終於爲民國佛教期刊文獻出版工作寫下了圓滿一筆。

在這些刊物的收集過程中，我們得到了中國國家圖書館、上海圖書館、南京圖書館、中國科學院圖書館、中國社會科學院圖書館、北京大學圖書館、華東師範大學圖書館、中山大學圖書館、中國佛教文史館、貴州大學中國文化書院等數十家機構的大力支持，同時，還得到了部分民國藏書機構和藏書家的大力支持。在此，我們表示深深的謝意。

民國佛教期刊文獻集成·正編

黃夏年 / 主編

中國書店出版社 / 出版

開本 / 16

冊數 / 209

出版時間 / 2006

定價 / 88000 元

ISBN / 978-7-5149-0043-9

民國佛教期刊文獻集成·補編

黃夏年 / 主編

中國書店出版社 / 出版

開本 / 16

冊數 / 86

出版時間 / 2008

定價 / 39000 元

ISBN / 978-7-80663-415-8

民國佛教期刊文獻集成·三編

黃夏年 / 主編

中國書店出版社 / 出版

開本 / 16

冊數 / 35

出版時間 / 2013

定價 / 17000 元

ISBN / 978-7-5149-0047-7

《民國佛教期刊文獻集成‧正編》所收刊物名錄

佛學叢報、佛教月報（上海）、覺社叢書（覺書）、新佛教、佛學旬刊、佛心叢刊、內學、大雲、佛音、新佛化旬刊、佛光、佛化新青年、佛化世界、世界佛教居士林林刊、佛光社社刊、佛化旬刊、頻伽音（隨刊）、仁智林叢刊、佛化週刊、佛學月刊、楞嚴特刊、楞嚴專刊、中國佛教會公報、東方文化、弘法刊（弘法社刊）、佛化策進會會刊、三覺叢刊、弘慈佛學院年刊、佛化隨刊、北平佛化月刊、佛學月報、正覺、西藏班禪駐京辦公處月刊、威音、四川佛教團體電請府改定寺廟管理條例、大佛學報、宜昌佛教居士林林刊、中日密教、佛學週刊、蓮漏聲、法海波瀾、佛教評論、靈泉通信、佛學半月刊、四川佛教月刊、正信（正信週刊）　佛教月刊、佛學出版界、佛教雜誌、佛教居士林特刊、現代僧伽、現代佛教、密教講習錄、人海燈、覺社年刊、三教月刊、勸世文刊、北平佛教會月刊、山西佛教雜誌、雍和宮導觀所刊物、七塔報恩佛學院院刊、淨土宗月刊、中國佛教會報、佛化、佛教與佛學、護生報（含觀音專刊）、佛海燈、佛教圖書館報告、佛光季刊、日華佛教、漢藏教理院立案檔彙編、同願學報、慈航畫報、佛教月報、人間覺、佛教公論、蓮社匯刊、大生報、中國佛教學院年刊、微妙聲月刊、護院特刊、覺津雜誌、佛化新聞、東亞佛教青年呼聲、佛教女眾、佛教季刊、羅漢菜、覺有情、華南覺音、晨鐘、同願（月刊）、西北佛教週報、佛學月刊、佛化評論、覺音、華北宗教年鑒、獅子吼月刊、人間佛教月刊、佛學月刊、蓮池會聞、大雄（月刊）、妙法輪月刊、佛教文藝、中國佛教季刊、弘化月刊、中流、文教叢刊、陪都慈雲寺僧侶救護隊紀念刊、人間佛教、覺群週報、圓音月刊、覺訊、獅吼、世間解、臺灣佛教、慈航、佛教文摘、佛教人間、大雄（半月刊）、閩南佛學院特刊、渡舟月報、淨宗月刊、覺迷、內院雜刊、學僧天地、海潮音、鄞縣佛教會會刊、法雨月報、佛教旬刊、觀宗概況、頻伽音半月刊、息災專刊、佛學書局目錄、鴻嗷輯、慧燈月刊、山西佛教月刊、淨業月刊、南詢集、天津佛教居士林林刊、無錫佛教淨業社社刊、暹羅佛教叢譚、世界佛教居士林課程規約、南瀛佛教會會報、莫幹山蓮社特刊、漳州南山學校校刊、佛化新聞週刊、敬佛月刊

《民國佛教期刊文獻集成・補編》所收刊物名錄

靈岩學報、南行、寶覺同學、靄亭法師紀念刊、梵聲：滿洲佛教會報、佛寶旬刊、淨宗隨刊、浙江全省佛教會會刊、迦音社週刊、內院雜刊之佛法非宗教非哲學、覺社叢書選本、天津金光明法會特刊、北京佛學書局佛學圖書目錄、世界佛學苑漢藏教理院特刊、思明佛教會會刊、傳道：大眾佛教雜誌、佛學叢刊、佛學匯刊、宏善彙報、袈裟週刊、奮迅集、宏化特刊、西北佛教週報（蘭州版）、法大師紀念特刊、佛學書目、世燈佛學月刊、香海佛化刊、獅子吼佛學月刊、榮縣佛學月刊、世界佛教居士林成績報告書、佛學院第一班同學錄（湖北）、佛化、班禪東來記、獅吼龍嘯、心燈、鐘聲、佛化旬刊、佛化季刊、佛教同願會特刊、中國佛學　江南九華佛學院院刊、湖南佛教居士林林刊、佛教雜誌、佛教振興會月報、金剛半月刊、法相學社刊、法海一滴、印光大師紀念特刊、世界佛教居士林權募基金會特刊、會務特刊（中國佛教會上海市分會）、覺世、解行精舍第一次特刊、上海純善社特刊、化佛造像、己醜度亡利生息災法會音聲、中華民國佛教機關調查錄、木鐸聲、菩提特刊、西南和平法會特刊、蘇州覺社特刊、蘇城隱貧會旬刊、蘇城隱貧會旬刊彙編、法輪圖畫傳記部特刊、素食特刊、重興清涼寺水陸法特刊、香汛、浩然月刊、慈航、慈航特刊、時雨、臺灣佛教新報、超薦戰地英靈水陸法會特刊、積因放生會年刊、晨鐘、星洲中國佛學、華藏世界、弘法特刊、西陲宣化史公署月刊、藏民聲淚、世苑漢藏教理院普通科第二屆畢業同學錄、救劫特刊、漢藏教理院年刊、廣長舌

《民國佛教期刊文獻集成・三編》所收刊物名錄

佛學書目表、北京天津佛經流通處書目、新僧、新僧季刊、寧波放生會癸亥匯刊、世界佛教居士林林所開幕紀念刊、世界佛教居士林林務報告、楞嚴特刊、浮圖、拈花寺律堂第一期畢業同學錄、密教講習錄、生（範古農生日紀念輯）佛教經像各種善書書目總錄、世界佛學苑籌備處報告書、廣州六榕寺佛教會經坊流通經目、大國師章嘉呼圖克圖駐京辦事處月刊、時輪金剛法會撮要、天清蒙藏經局書目、世界迦音、慈航、皖垣佛學研究社周年紀念特刊南嶽化導貧民念佛法會始末記、北平法源寺道階長老追悼會啓、上海護國息災法會特刊、佛化結婚紀念特刊、改造中國佛教會之呼聲、佛海燈、佛教新聞三日刊、護生報、班禪國師追掉會特刊、素食結婚匯刊、法源佛學院第一班同學錄、漣水佛教會成立特刊、中國佛教學院章程學則彙編、覺有情大乘月刊、弘化月刊、寶覺同學、汕頭市私立覺世學校立校周年概況特刊內院雜刊、現明老和尚紀念刊、歐陽竟無先生紀念特刊、唐玄奘法師骨塔發掘奉移經過專冊、圓音、木道人二百歲紀念特刊、木鐸聲、佛教會組織須知、大覺佛學院院刊、弘慈佛學院第七、一班同學錄、進修蓮社紀念刊、星洲中國佛學、佛教人間、佛學月刊佛學叢論、佛教公論、覺路月刊、華藏世界、臺灣佛教、中流月刊、菩提流動浩然月刊、無盡燈、覺訊、法舫法師紀念特刊上海市佛教界祝願世界和平法會總結報告、圓瑛法師紀念刊、正覺蓮社週六念佛會第三屆百零八周紀念特刊法音（嘉義）、法海

稀見民國佛教文獻匯編（報紙）

黃夏年 / 主編
中國書店出版社 / 出版
開本 / 8
冊數 / 13
出版時間 / 2008
定價 / 9800 元
ISBN / 978-7-80663-482-0

　　本書編委會歷時三年，幾經尋覓，終於找到了其中的六種重要的報紙，屬首次公開影印出版，故稱『稀見』。基本將民國佛教報紙收羅殆盡。它們是：

《佛教日報》（1935.4-1935.7）

《佛化新聞報》（1936.6-1942.10）

《慈航畫報》（1933.7-1943.10）

《護生報》（1932.6-1936.6）

《新報·佛學週刊》（1943）

《新夜報·佛學研究》（1935.2-1935.10）

　　這些報紙比較全面地展現出二十世紀上半葉尤其是三四十年代我國佛教界的基本情況。這批資料保留了大量的學術文獻和老照片，無疑會給今天的使用者提供更為直觀的研究便利。

　　本書最大之亮點，在於《密教講習錄》之首次面世。此刊在民國時期極為重要，然國內無一家圖書館有全部收藏。此次結集出版，我們得到了唐密傳人于瑞華居士的大力支持，在她的努力下，取得這套孤本期刊。

　　《密教講習錄》的主編為王弘願大阿闍黎。太虛大師曾對王弘願讚歎說：『屢讀大著，歎為震旦居士中之具正知見者，並歎為震旦專門真言宗之一人。』王弘願在潮安組織震旦密教重興會，掀起了潮汕地區密教重興運動。1926 年他奉權田大僧正之命東渡日本，受阿闍黎位及深秘法，成為中國居士界受阿闍黎位第一人。回國後，他以函授形式弘傳密法，並出版《密教講習錄》，流通海內外。

　　這些期刊比較全面地反映了二十世紀前葉我國佛教有識之士遠赴東洋研習密宗的過程，以及我國部分地區在日據時期密宗發展的一些情況。近代密宗較為知名人物如王弘願、大勇、持松、顧淨緣、陳濟博、江味農、程宅安等人文獻尤為集中。如此整理民國密宗期刊，是新中國建立之後第一次，也是最為集中的一次，值得各相關機構及圖書館研究、收藏。

　　本書所收期刊包括《密教講習錄》、《威音》、《海潮音·密宗研究專號》、《班禪東來記》、《佛化季刊》、《天津金光明法會特刊》、《息災專刊》、《西南和平法會特刊》、《解行精舍第一次特刊》、《時輪金剛法會撮要》、《佛學半月刊·時輪金剛法會專號》、《世燈》、《中日密教》《佛海燈》、《弘法大師紀念特刊》等二十餘種。

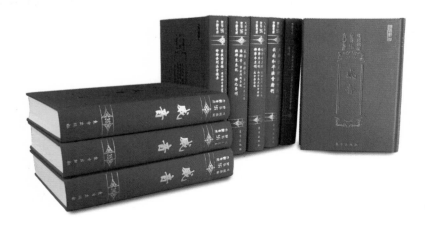

民國密宗期刊文獻集成

于瑞華　中國人民大學佛教與宗教學理論研究室 / 主編
東方出版社 / 出版
開本 / 16
冊數 / 42
出版時間 / 2008
定價 / 20000 元
ISBN / 978-7-5060-3200-1

海潮音文庫

太虛大師 / 主編
線裝書局 / 出版

開本 / 大 32
冊數 / 20
出版時間 / 2005
定價 / 1880 元
ISBN / 978-7-80663-482-0

《海潮音》雜誌由太虛大師創辦於 1919 年，其立意創新，內容豐富，貫通世學，包羅萬象，是民國時期影響最大的佛教刊物。此刊主持先後有太虛、大醒、印順、李子寬、樂觀等。以『發揚大乘佛法真義；應導現代人心正思』爲宗旨，該刊在佛教弘傳及佛學研究上，對佛學是有相當程度的影響。

1931 年，上海佛學書局將《海潮音》雜誌刊發的全部文章，分門別類，編輯成書，名爲《海潮音文庫》，總計四編三十四種。出版後風行一時，成爲第一佛教暢銷書，被譽爲『民國第一部佛學叢刊』。

新中國成立後，此書始終未能再版，鑒於此，我們經過認真修補加工，在確保全書字跡清晰的前提下，將 1931 年原版《海潮音文庫》影印出版。

《現代佛學》月刊是新中國成立後，由政府創辦的第一個全國性佛教刊物，巨贊法師擔當主編。於 1950 年 9 月 15 日出版第一期，內容包括學理、歷史、文物、藝術、問題、通訊等六大類。《現代佛學》自 1950 年 9 月創刊至 1964 年停刊，走過 15 年風風雨雨的歷程，始終以滿足讀者需要爲宗旨，其思想性、學術性、可讀性不斷提高，得到廣大佛教徒的認可，印數從最初七百份很快達到四千份左右，對於全國佛教徒學習佛教理論和傳達政府的宗教政策起到重大作用。本刊共 144 期，我們將其影印出版，合訂爲精裝十冊。作爲資料，爲保留歷史原貌，原版影印，未作刪節。

現代佛學

巨贊 / 主編
天津古籍出版社 / 出版

開本 / 16
冊數 / 10
出版時間 / 1995
定價 / 1600 元
ISBN / 978-7-8050-4470-5

揚善半月刊與仙道月報合集

全國圖書館文獻縮微複製中心 / 出版

開本 / 16，8
冊數 / 9
出版時間 / 2005
定價 / 4200 元

《揚善半月刊》於民國二十二年（1933年）7月1日正式出版，至民國二十六年（1937年）8月1日第5卷第3期（即總第99期），因戰事影響而被迫停刊。《揚善半月刊》最初以『三教一貫、五教平等』為宗旨，兼登載一些類同當時普通慈善雜誌的揚善、勸誡文字。自第三十七期增加了更多的仙道文章，並開設『金丹要訣』專欄，請陳攖寧先生專門解答讀者提出的有關仙學及修養之類的問題。

《仙道月報》創始於民國二十八年（1939年）1月1日，陳攖寧先生與弟子張竹銘、汪伯英重新編輯出版專門研究仙道學術的連續性刊物。其中的修養文章，多是真修實證之心得，在今日養生中，依然起著重要的指導作用。至民國三十年（1941年）8月1日總第32期出版後，因戰亂停刊。

此次《揚善半月刊》與《仙道月報》影印版本合集，由陳攖寧先生親自圈點、評注，由胡海牙先生珍藏、提供，是目前國內保存最完整的唯一一套合集。

民國國術期刊文獻集成

釋永信 / 主編
中國書店出版社 / 出版

開本 / 16
冊數 / 31
出版時間 / 2014
定價 / 9800 元
ISBN / 978-7-80663-414-1

本書是我們與嵩山少林寺合作，邀請國內知名教授學者組成學術顧問委員會和編輯委員會，歷時兩年編輯整理的以弘揚武術為宗旨的民國期刊集成，收集了43種珍稀民國國術期刊（附晚清一種），合編成31卷。資料收集過程中，我們得到浙江大學體育系、國家圖書館、上海圖書館、北京大學圖書館、廈門大學圖書館等機構的大力支持。同時，還得到了部分民間藏書機構和收藏家的支持。八方因緣聚會，這部意義深遠的文獻集成才得以面世。

玄奘全書

北京崇福古籍文獻研究所 / 編
線裝書局 / 出版
開本 / 16
冊數 / 34
出版時間 / 2004
定價 / 8600 元
ISBN / 978-7-8010-6222-2

ISBN 978-7-80106-222-2

　　玄奘法師西行印度求取佛經，歷十七年，行程五萬里，帶回佛經 52 筐，657 部。貞觀十九年（西元 645 年）回到長安，並開始組織譯經，他一生共譯出經、論 75 部，1335 卷。所譯佛經，多用直譯，筆法謹嚴，豐富了祖國古代文化，並爲古印度佛教保存了珍貴典籍。記錄其取經經歷的《大唐西域記》，爲研究印度、尼泊爾、巴基斯坦、孟加拉以及中亞等地古代歷史地理之重要資料。

　　2004 年是玄奘法師圓寂 1340 周年，爲紀念這位偉大的佛學家，北京崇福古籍文獻研究所將散見於大藏各部及藏外佛書的玄奘法師的全部譯著集合成此書。全書總計 1100 萬字，分裝爲 16 開 34 冊。

太虛大師全書

釋太虛 / 著
宗教文化出版社 / 出版
開本 / 大 32
冊數 / 35
出版時間 / 2015
定價 / 2800 元
ISBN / 978-7-5188-0087-2

　　太虛大師一生言論、著述頗多，主要著作有《整理僧伽制度論》、《釋新僧》、《新的唯識觀》、《震旦佛教衰落原因論》、《法相唯識學》、《真現實論》等，主要收錄在其弟子所輯的《太虛大師全書》中。然而，由於歷史原因和當時的社會條件，太虛大師的著述在大陸相當罕見，一般僧侶很難有幸拜讀。此次出版的《太虛大師全書》，主要選自太虛大師創辦的刊物《海潮音》，同時參照 1946 年出版的《太虛大師全書》，在盡量保持原著內容的基礎上適當修正整理。全書共 20 編 1440 多篇目，700 多萬字。主要包括五乘共法、三乘共法、大乘不共法，以及融中國大乘八宗爲三宗，即法性空慧宗、法相唯識宗、法界圓覺宗等豐富內容。其他雜文、講說、論文、書信等，無不代表大師契理契機的思想，適用於現代。至於詩歌，均係大師純淨的悲心流露，信手拈來，皆成妙諦。此書的集結出版，爲學者研究太虛大師思想提供了大量直接依據。

兩千五百多年前，悉達多太子通過學習與實踐，參透了人生真理，宇宙真諦。隨後近百年的時間裏，其弟子們三集佛語，逐漸形成了我們所熟知的"大藏經"，也成爲了後世修習佛陀智慧的捷徑。

一切有爲法，如夢幻泡影，

如露亦如電，應作如是觀。

這是大家在生活中聽到最多的佛經偈文，短短二十個字，將世間一切事物的空幻不實，描述得淋漓盡致。這段偈文出自鳩摩羅什大師於後秦弘始三年（西元 401 年）在都城長安（今西安）譯出的《金剛經》，這個譯本流通最廣，其影響也最大。

在《乾隆大藏經》中一共收錄了六個《金剛經》譯本：一、鳩摩羅什譯本，名爲《金剛般若波羅蜜經》；二、留支譯本，名爲《金剛般若波羅蜜經》；三、真諦譯本，名爲《金剛般若波羅蜜經》；四、玄奘譯本，名爲《能斷金剛般若波羅蜜經》；五、義淨譯本，名爲《能斷金剛般若波羅蜜經》；六、

笈多譯本，名爲《金剛能斷般若波羅蜜經》。

不管是"能斷金剛"還是"金剛能斷"，對我們閱讀、研習《金剛經》並從中獲取智慧並沒有太大影響。但知其然，知其所以然，才是一種正確的學習方法。

一部大藏經中六個不同譯本的《金剛經》，不同的譯師，不同的譯出時間、不同的譯出環境，這讓我們全面瞭解《金剛經》多了幾種可能與方法。

蕅益大師曾說："諸刹所供大藏，不過緘置高閣而已，縱有閱者，亦罕能達其旨歸，辨其權實。"的確，大藏經內容浩如星辰，這讓世人對進一步瞭解它產生了一定的困惑。《金剛經》四句偈文，我們尚可脫口而出，但對於《金剛經》的版本、譯出背景、差別等，大多數人則知之甚少。

漢字的奇妙在其字義多解，辭藻多意，一個經名、一段偈文都像"一千個人心中有一千個哈姆雷特"一樣，沒有終極答案。所以，更多的信息對於我們瞭解、理解一部經有至關重要的意義。《乾隆大藏經總目提要》對於我們來說，就可以提供這樣的幫助。他能讓我們快速、全面的瞭解《乾隆大藏經》，甚至瞭解整個大藏經的體系和內容。

《乾隆大藏經總目提要》的編者爲中國社會科學院世界宗教研究所紀華傳教授，他長期致力於中國佛教、近代佛教史、大藏經的相關研究，著述頗多。紀華傳教授編著《乾隆大藏經總目提要》歷時三年，遍查相關古籍文獻，其內容引經據典，這也使得本書的學術權威性大大提升。希望通過本書，讓每位讀者都能找到一部"有緣的"開悟之經。

乾隆大藏經總目提要

紀華傳 / 主編

沈陽出版社 / 出版

開本 / 16

冊數 / 2

出版時間 / 2020

定價 / 480 元

ISBN / 978-7-5716-1025-8

佛學工具書集成

延藏法師 / 主編
中國書店出版社 / 出版
開本 / 16
冊數 / 40
出版時間 / 2009
定價 / 15000 元
ISBN / 978-7-80663-660-2

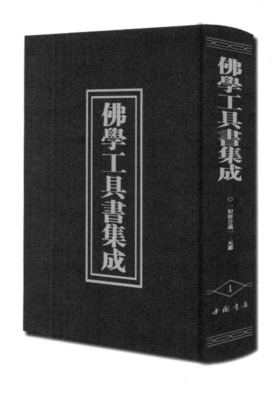

　　本書所收工具書範圍上起唐，下迄民國，而尤以民國時期幾部工具書的收入為本書之一大特色。它們是二十世紀以來中國最早的新式大型佛學辭典——丁福保《佛學大辭典》；研究法相學必備之工具書——《法相辭典》；以最切實用者為主的《實用佛學辭典》。此類辭典多以佛教實踐者為對象，偏重佛事基本常識（如葬儀、年中行事、寺院組織、一般佛教用語等）之引介。此類工具書於佛教之現代化與普遍化居功甚偉。

　　本書較之前所出類似書籍更是增添了記事抄錄諸經論之相關者一類工具書，為教界、學界對於佛學經籍的研究提供了參考。此類工具書以明釋智旭編《閱藏知津》為代表，以及《諸經要集》《大乘義章》《經律異相》等數種，對於大藏經的研習不無裨益。同時，還收集了中外歷代僧俗佛學家為研習佛教典籍所編各種形、音、義及相關佛學工具書共計五十三種，且各有側重。本套書係佛學工具書集大成者。

丁福保佛學大辭典

丁福保 / 編
中國書店出版社 / 出版
開本 / 16
冊數 / 4
出版時間 / 2011
定價 / 480 元
ISBN / 978-7-5149-0102-3

　　《佛學大辭典》是丁福保先生於 1912 年開始編纂，歷時 8 年完成的中國第一部新式佛學辭典。在編纂的過程中，他參考了日本織田得能、望月信亨等人編的多種佛教辭典。1919 年，丁福保終於完成了《佛學大辭典》的編纂工作。三年後《佛學大辭典》由上海醫學書局正式出版發行。這是中國第一部新式佛學辭典，它的出版，可說是二十世紀中國佛教界乃至文化界的一件大事。

　　這部 360 多萬字的煌煌大典，共收辭目 3 萬餘條，內容非常廣泛，基本上囊括了佛教各種專門名詞、術語、典故、典籍、專著、名僧、史跡等等。

　　《佛學大辭典》對每條辭目首先注明其詞性，如『名數』、『物名』、『地名』、『書名』、『人名』、『術語』、『雜語』、『譬喻』、『故事』、『儀式』、『圖象』等，然後解釋其詞義，徵引其出處。凡一辭有多義者，則依次列出，有的亦作必要的考證。而對翻譯的重要專門名詞、術語、人名、佛典等，則均注出梵文或巴利文，以便檢閱原書。此外，該辭典還編有詳細的辭條索引，頗便檢索。

《佛光大辭典》由星雲大師監修，慈怡法師主編。比丘尼慈莊、慈惠、慈容、慈嘉、慈怡、依嚴、依空、依淳、達和法師等九位編修委員，暨永祥、覺明法師等百餘工作人員，經歷十餘年，共同編輯完成。

《佛光大辭典》是目前漢語系佛教大辭典中最完備的一部辭典，也是研究教理必備的一套工具書。《佛光大辭典》以簡明實用、完整爲原則，編修範圍廣泛，在類別上舉凡佛教術語、人名、地名、書名、寺院、宗派、器物、儀軌、古則公案、文學、藝術、歷史變革等，皆有涉獵；在地域上收錄印度、斯里蘭卡、中國、韓國、日本、以及緬甸等東南亞各國、歐美等地有關佛教研究或活動之資料，乃至其他各大宗教發展、社會現象等，凡具有與佛教文化對照研究之價值者，皆在編纂之列。共收錄 22608 條獨立條目，10 餘萬項附見詞目。在條目正文之外，共采用 2700 餘幀圖片，隨次插入，裨補文字詮釋之不及。

《佛光大辭典》爲了適合兩種不同人群的閱讀需求，在開本的設計上做了區分：

一爲適合年輕人日常閱讀和查找方便，將《佛光大辭典》做成大 32 開，方便攜帶和收藏；另一方面，考慮到《佛光大辭典》的閱讀人群中，會有年長者閱讀，特將《佛光大辭典》設計成大 16 開，根據讀書習慣，在書脊正中醒目標注本卷準確的頁碼範圍。同時本書采用優質輕型紙，重量比原來輕 1/2，更適合年長高僧信手翻閱。880×1230 大 16 開，比 32 開本增大了 140%，由原來的 32 開 8 本變成 16 開 16 巨冊；字型大小由原來的小 5 號，增至 4 號，閱讀起來更爲輕鬆方便，清晰悅目。

佛光大辭典（大字版）

慈怡 / 主編
國家圖書館出版社 / 出版
開本 / 大 16
冊數 / 16
出版時間 / 2004
定價 / 2600 元
ISBN / 978-7-5013-0976-4

佛光大辭典

慈怡 / 主編
國家圖書館出版社 / 出版
開本 / 大 32
冊數 / 8
出版時間 / 2004
定價 / 480 元
ISBN / 987-7-5013-2608-2